航空运输与航空服务探究

史晓爽 ◎ 著

中国书籍出版社
China Book Press

图书在版编目（CIP）数据

航空运输与航空服务探究 / 史晓爽著 . -- 北京：中国书籍出版社, 2024. 12.

ISBN 978-7-5241-0107-9

Ⅰ . F560.6

中国国家版本馆 CIP 数据核字第 2024R8H139 号

航空运输与航空服务探究

史晓爽　著

图书策划	成晓春
责任编辑	张　娇　成晓春
封面设计	守正文化
责任印制	孙马飞　马　芝
出版发行	中国书籍出版社
地　　址	北京市丰台区三路居路 97 号（邮编：100073）
电　　话	（010）52257143（总编室）（010）52257140（发行部）
电子邮箱	eo@chinabp.com.cn
经　　销	全国新华书店
印　　刷	天津和萱印刷有限公司
开　　本	710 毫米 ×1000 毫米　1/16
字　　数	210 千字
印　　张	11.25
版　　次	2025 年 5 月第 1 版
印　　次	2025 年 5 月第 1 次印刷
书　　号	ISBN 978-7-5241-0107-9
定　　价	80.00 元

版权所有　翻印必究

前　言

　　航空运输，又称飞机运输，简称"空运"，是一种利用飞机作为运输工具，在具备航空线路和飞机场设施的条件下进行货物运输的现代化运输方式。尽管在我国运输业中，航空运输的货运量相较于其他运输方式（如公路、铁路和水路）而言占比较小，主要承担的是长途客运任务，但随着全球经济一体化和物流行业的快速发展，航空运输在货运领域的重要性日益凸显，未来在货运方面也将扮演更为关键的角色。特别是在高价值、时间敏感型货物的运输上，航空运输以其快速、安全、高效的特点，成为广大乘客的首要选择。

　　航空服务，作为服务关系中的一种特殊形式，包含服务者（乘务员）、被服务者（乘客）和服务环境（飞机客舱）三个核心要素。这三者之间的相互作用和关系构成了航空服务关系的本质。一名优秀的乘务员能够在服务过程中通过其专业的服务态度、精湛的服务技巧以及良好的个人品格，营造出令人愉悦的氛围，使服务三元素之间的关系达到和谐统一的状态。这种和谐统一所展现出的美感，正是优质服务的核心所在。航空服务作为服务行业中的一个特殊门类，其高品质、优质、高端的服务形象早已深入人心。世界知名的航空公司，如新加坡航空有限公司、阿联酋航空有限公司等，之所以能在激烈的市场竞争中脱颖而出，很大程度上得益于其优质的口碑和服务水平。这些公司不仅注重服务流程的规范化和标准化，更强调服务的个性化和情感化，通过提供贴心、周到的服务，赢得了广大乘客的信赖和好评。

　　在航空服务业中，有两个值得学习借鉴的优质服务理念："两一"理念和"五心"服务。"两一"是指一切从顾客感受出发，珍惜每一次服务机会。这一理念强调了服务应以顾客为中心，时刻关注顾客的需求和感受，将每一次服务都视为提升顾客满意度的机会。"五心"是指爱心、耐心、责任心、包容心、同情心。这"五心"不仅是对乘务员职业素养的要求，更是对其人格魅力的体现。实践这些优秀理念，不仅要求乘务员具备娴熟的服务技巧，更需要他们拥有与提供优质服务相匹配的优秀个人品格，如真诚、善良、敬业、宽容等。只有这样，才能在航空服务中真正实现人与人之间的和谐共处，让每一次飞行都成为一次美好的体验。

在写作本书的过程中，笔者引用了大量学术资料，并荣幸地获得了多位专家学者的协助与支持，在此表示诚挚的感谢！本书力求内容的系统性与全面性，论述上追求条理分明、既深刻又易于理解。然而，限于笔者自身能力，书中或许存在不足之处，恳请业界同人不吝赐教，及时提出宝贵意见以便修正。

2023 年 11 月

目 录

第一章 航空运输与服务概述 ... 1
- 第一节 航空运输概述 ... 1
- 第二节 航空服务概述 ... 4
- 第三节 航空运输管理体系 ... 7
- 第四节 航空运输服务 ... 24

第二章 航空货物运输 ... 35
- 第一节 航空货物运输概念与特点 ... 35
- 第二节 航空货物运输销售代理业务 ... 37
- 第三节 航空货物不正常运输的种类与处理 ... 56

第三章 航空市场服务营销 ... 68
- 第一节 航空市场服务营销理念 ... 68
- 第二节 航空市场服务营销过程管理 ... 84
- 第三节 航空市场服务营销人员素质与意识 ... 90

第四章 航空服务人员礼仪 ... 102
- 第一节 航空服务礼仪本质与原则 ... 102
- 第二节 航空服务人员职业素养礼仪 ... 104
- 第三节 航空服务人员仪容仪表礼仪 ... 110
- 第四节 航空服务人员仪态礼仪 ... 117

第五节　航空服务人员日常社交礼仪 …………………………………… 125
第六节　航空服务人员沟通礼仪 ………………………………………… 131

第五章　航空服务口语交际与播音 ………………………………………… 135

第一节　航空服务口语交际原则与语言技巧 …………………………… 135
第二节　航空服务口语交际训练 ………………………………………… 150
第三节　航空服务客舱播音训练 ………………………………………… 158

参考文献 …………………………………………………………………………… 171

第一章 航空运输与服务概述

航空运输与航空服务密不可分，航空服务在航空运输中的作用不容小觑，本章主要内容为航空运输与服务概述，从四个方面展开详细的介绍，分别是航空运输概述、航空服务概述、航空运输管理体系、航空运输服务。

第一节 航空运输概述

一、航空运输概念

航空运输泛指使用航空器运送旅客、行李、货物、邮件的行为，包含这一行为中的所有活动。航空运输是一种快速、机动的运输方式，通常用于远程旅客运输以及远程的贵重物品、鲜活货物和精密仪器的运输。而公共航空运输是指使用民用航空器运送旅客、行李或货物的行为，并可通过这一行为进行盈利活动。航空运输是一项综合性的运输活动，受各方面规定的制约，不仅受《中华人民共和国民用航空法》等一系列法律法规、部门规章、技术规范和标准性文件的规范，还受到民商法、经济法等相关法律法规的规范。航空运输不仅用于国内的旅客及货物运输，还经常用于国际贸易中的货物运输及国际旅客运输，因此航空运输也受到民航方面的国际条约、双边协议等的制约。

二、航空运输分类

（一）从航空运输的性质出发

根据航空运输的性质，我们可以将航空运输分为两类：一是出发地点、经停地点和目的地均在中华人民共和国境内的运输活动，这类航空运输被称为国内航空运输；二是出发地点、经停地点和目的地之一不在中华人民共和国境内的运输活动，这类航空运输被称为国际航空运输。

（二）从航空运输的对象出发

根据航空运输的对象，我们可以将航空运输分为三类：一是航空货物运输，航空邮件运输也是航空货物运输的一种，但是这种运输活动不受《中华人民共和国民用航空法》的规范，而是受《中华人民共和国邮政法》及相关行政法规、部门规章的调整规范；二是航空旅客运输；三是航空旅客行李运输（图1-1-1），这类运输活动既可以看作一种独立的运输活动，也可以看作航空旅客运输的附加活动。

图 1-1-1　航空旅客行李运输

三、航空运输特性

（一）商品性

航空运输所提供的产品是一种特殊形态的产品——空间位移，其产品形态是改变航空运输对象在空间上的位移，产品单位是人千米和吨千米。

（二）服务性

航空运输业是第三产业，是一种服务活动。承运人根据产品使用人的需求提供运输服务。航空运输业的服务质量是通过航空运输手段和整个活动中的态度来体现的,承运人要始终秉持"旅客第一,用户至上"的理念,从而提供优质的服务,承运人还需要根据日益增加的服务需求不断地提升自身的服务能力,加大运力投入。航空运输这一服务活动的服务数量是通过运输位移的多少来体现的。

(三)国际性

航空运输不仅用于国内的客货运输,也用于国际的客货运输,特别是在国际贸易领域有着重要的作用,是远程旅客和货物运输的主要途径。航空运输活动加强了国际交流与合作,促进了国际贸易活动,同时也关乎国际政治经济的发展,以及各国之间的贸易竞争。因此,航空运输活动受到国际法律法规和相关规章制度的约束,可以说国际关系和航空运输之间是互相促进、互相影响的。

(四)资金、技术、风险密集性

航空运输业是一项集专业技术和专业设备于一身的服务产业,具有很强的专业性和技术性,而且航空运输对于安全的要求极高,需要各相关部门的密切配合,在人力物力方面有着很高的要求,因此航空运输业的成本较高,风险性较大。

(五)自然垄断性

由于航空运输业的运营成本和风险较高,且对专业技术的依赖性很强,因此其准入门槛也很高。在种种因素的作用下,这一行业有了其独特的自然垄断性。

(六)全球覆盖

航空运输网络覆盖全球各地,使得人们能够轻松到达世界各地。无论是国际还是国内航班,航空运输提供了广泛的目的地选择,这使得旅客能够方便到达各个城市。

(七)提高安全标准

航空运输拥有严格的安全标准和监管机构。航空公司必须遵守国际航空运输协会和国际民航组织的规定,并进行定期的安全检查和维护,这确保了乘客的安全和航班的可靠性。

(八)灵活性

航空运输具有较高的灵活性。航空公司可以根据需求灵活地增加或减少航班频次，以适应市场的变化。此外，航空货运也能够满足紧急物资和货物的快速运输需求。

四、航空运输作用

随着科学技术的发展，当今社会人们的运输需求也在日益增加，航空运输也得到了快速的发展。航空运输在社会经济发展中着重要的作用。

第一，航空运输是交通运输体系的一个重要组成部分。如今，人们的远程出行及贸易活动都离不开航空运输，它为人们的生产生活带来了极大的便利，通过与其他运输方式协同合作，大幅提高了运输效率。

第二，航空运输离不开科学技术的支持。科学技术的发展与航空运输的发展是相辅相成的关系。一方面，科学技术的进步提高了航空运输的效率和安全性；另一方面，航空运输的发展带动了飞机制造业和相关仪器仪表、专业设备的发展和技术的提升。

第三，航空运输不仅促进了国家的经济发展，还在国际贸易、经济政治关系中起着重要的作用。航空运输的发展进一步促进了全球经济文化的交流，拓宽了国际交流渠道，改善了许多国家之间的贸易关系，带动了一些不发达国家的经济开发活动，对全球经济的繁荣和发展具有重要意义。

第二节　航空服务概述

一、航空服务概念

航空服务是指在航空运输中为乘客和货物提供的各种服务。随着航空业的迅速发展，航空服务的范围也日益扩大，包括机场服务、机上服务、行李服务、安全服务等多个方面。

机场服务是航空服务的重要组成部分。机场服务包括航班信息查询、登机手续办理、行李托运、安全检查等。乘客可以通过机场提供的自助设备进行航班信息查询和值机，提前办理登机手续，方便快捷。机场还提供行李托运服务，确保乘客的行李安全无误地送达目的地。此外，机场的安全检查工作也是航空服务的重要环节，目的是确保乘客和航班的安全。

机上服务是航空服务的另一个关键方面。机上服务包括乘务员的服务和航空公司提供的各种设施和娱乐活动。乘务员负责为乘客提供食品和饮料服务，解答乘客的问题，确保乘客的舒适和安全。航空公司还提供各种设施，如舒适的座椅、便利的餐食和饮料选择，以及丰富多样的娱乐活动，如电影、音乐等，满足乘客在飞行中的需求。

行李服务也是航空服务的重要组成部分。行李服务包括行李托运、行李追踪和行李保障等。乘客在登机前需要将行李交给航空公司进行托运，航空公司会为每个行李贴上标签，确保行李能够准确送达目的地。在行李追踪方面，航空公司利用现代科技手段来追踪行李的位置，确保行李不会丢失或错送。如果不幸遇到行李丢失或损坏的情况，航空公司会提供相应的行李保障服务，帮助乘客解决问题。

安全服务是航空服务的核心。航空公司在飞行前会进行严格的安全检查和保障措施，确保飞机和乘客的安全。乘客在登机前需要接受安全检查，如过安检、验票等程序。在飞行过程中，乘务员会进行安全演示和安全提示，确保乘客了解应急撤离程序和安全设备的使用方法。此外，航空公司还会定期对飞机进行维护和检修，确保飞机的安全性能达到标准要求。

从机场服务到机上服务，再到行李服务和安全服务，航空公司和机场通过各种手段与措施，确保乘客的旅程安全、舒适和便捷。航空服务的不断完善和提高，为乘客提供了更好的出行体验，也促进了航空业的繁荣发展。航空服务作为旅游产品的一种，可以为顾客提供一种体验与回忆，也就是说，航空服务企业出售给顾客的是一种无形的产品，即服务所具有的特性，概括起来，主要表现为无形性、不可分性、不可存储性和差异性。

二、航空公司服务质量特性

航空运输业属于第三产业，因此具有服务业的属性，其服务质量的提升和评价有着一定的标准。航空运输服务具备一套系统化的服务流程，这些流程会形成一个循环，在这一循环里我们可以看到航运运输服务质量的产生、形成和实现，这种循环被称为航空公司服务质量环，有着一定的逻辑和规律。通过这一循环，我们可以进一步优化航空运输服务的质量，并针对每个环节进行提升，还可以探讨各个环节之间的关系，从而提升航空运输服务环节之间的配合度，使航空运输服务的各个环节更加和谐、密切。航空运输业需要不断地提升自身的服务水平和运输能力，因此航空运输业的管理十分重要，航空公司服务质量环包括从接受需求到实现需求整个过程中的所有活动，以及他们之间的顺序和联系。航空公司服务质量环不仅包含行动流程，还包含流程中的理论提炼和各个环节的系统概况，有着实践指导意义。航空公司可以通过对航空公司服务质量环中各个环节的分析，来提高对航空运输服务的管理和控制效果，从而改善服务质量，优化服务流程。

航空运输服务实际是通过航空公司与顾客之间的不断交互来完成的。航空公司根据市场调查的结果获得顾客的需求，从而设计服务并提供服务，再根据各个环节中顾客的反馈对服务进行完善。因此，航空公司服务质量环主要包括航空公司市场调查、航空公司服务设计和航空公司服务提供三个环节，而航空公司服务质量评价则用于调节这三个环节的关系，即航空公司会根据顾客提供的航空公司服务质量评价，针对这三个环节进行不同程度的调整和优化，进而提升服务质量。

服务质量特性是服务产品的固有特性，体现了服务的各种要求，包含服务设施的完备性、服务等待时间的长短、提供服务人员的文明用语情况以及服务过程的方便程度等。不同的服务行业对于服务质量特性的关注点不同，对于航空运输业来说，航空公司要重点关注以下六种服务质量特性。

①安全性：这是航空运输服务的首要关注点，由于航空运输业的技术特殊性，在提供服务的过程中既要注意保证旅客的生命安全，降低风险，也要保障旅客的财产安全。

②经济性：航空运输服务需要航空公司投入大量的人力、物力、财力，进行设备的购买、维护等，但是在提供服务时要保证顾客支付的费用在合理的范围内。

③功能性：航空运输服务的功能性是其基本服务质量特性，要保证满足旅客的出行需求。

④时间性：航空运输受到各种环境条件的干扰，容易发生延误或航班取消等现象，要将这些特殊情况控制在合理的范围内。在各种流程上也要注意提高效率，

避免让旅客等待的时间过长。

⑤文明性：服务人员的态度和文明用语关系着旅客的出行体验，航空公司应注重运输服务过程中相关工作人员的文明程度，提升旅客的出行体验。

⑥舒适性：航空运输服务要关注机场和飞机舱内的环境是否舒适，配套设施是否齐全以及提供的饮食质量是否高品质。

第三节　航空运输管理体系

一、国际航空运输管理机构

国际航空运输活动由国际航空运输管理机构进行管理和规范，在进行国际航空运输活动时必须遵守国际上的统一标准。这些标准涵盖范围很广，既包括对国际航空运输活动各个环节的规范，以保障国际航空运输活动安全有序进行，也包括对一些与航空运输活动相关的技术标准的规范，对国际航空运输活动的航行准则、操作流程进行了统一的调整，还包括对与服务相关的内容的规范，比如价格标准等。国际航空运输管理机构，通过制定一系列的标准、规范来保障各国的航空运输活动的进行，旨在使航空运输业更好、更协调地发展。

当今世界上有许多国际航空运输管理机构，其中具有较大影响的主要是三大国际民用航空运输管理机构：国际民用航空组织（International Civil Aviation Organization，ICAO）、国际航空运输协会（International Air Transport Association，IATA）和国际机场理事会（Airports Council International，ACI）。此外，还有一些专业性协会，如世界联合旅游代理协会（United Federation of Travel Agents Associations，UFTAA）和国际航空电信协会（Society International De Telecommunication Aeronautiques，SITA）等。

（一）国际民用航空组织

国际民用航空组织（图1-3-1，简称"国际民航组织"）是一个官方国际组织，负责协调民用航空领域内的各种经济和法律事务、制定航空技术国际标准。国际民航组织的成员主体是各主权国家，各主权国家以自己本国政府的名义参与国际民航组织并遵守国际民用航空运输活动的各项规章制度。1944年11月1日至12

月7日，国际民用航空会议在芝加哥举行，52个国家参会并在会上签订《国际民用航空公约》（简称《芝加哥公约》），国际民航组织由此成立。但这个时期的国际民航组织只是过渡性的临时组织，整体结构和管理水平还没有完善。1946年，联合国与国际民航组织签订了专门的协议，1947年5月13日该协议生效，自此国际民航组织成为联合国的一个专门机构。国际民航组织并不是联合国的从属机构，联合国对国际民航组织的工作有提出建议并进行协调的权利，而国际民航组织对其所负责的国际职责拥有自主权，国际民航组织需要定期向联合国进行工作报告，但联合国对其事务不具有决定权。可以说双方之间是一种对于国际事务共同协调一致的关系，旨在促进国际关系的和平友好发展，使国际活动更加规范、公平、和谐。

图1-3-1 国际民用航空组织图标

1.国际民航组织的宗旨和目的

国际民航组织是政府间的国际组织，它的成立是为了协调管理国际民用航空运输活动。国际民航组织要通过制定各项规章制度来规范各成员国的航空运输行为，从而保障国际民用航空运输活动的安全、有序进行，使全世界国际民用航空得到良性、高效发展；国际民航组织要保障各成员国的利益，公平公正地处理职责范围内的事务，使各成员国之间的权利与义务均等，促进国际民用航空运输活动和谐地开展，避免国家歧视、差别待遇和不合理竞争；国际民航组织还要以维护世界和平稳定发展为宗旨，鼓励发展和平用途的航空器设计和操作技术，促进国际航行的飞行安全；国际民航组织还要关注国际民用航空运输活动的服务性质，从世界各国人民的需求角度出发，让国际民用航空运输活动向着更符合人民需求的方向发展，即更加安全、高效、经济适用，充分维护旅客的合法权益。

2. 国际民航组织的组织机构

国际民航组织由成员大会、理事会和秘书处三级机构组成。

（1）成员大会

成员大会由全体成员国组成，国际民航组织的各项决议都需要通过成员大会。成员大会是国际民航组织的最高权力机构，负责理事会的选举、对理事会工作报告的审查、表决年度财政预算、授权理事会履行相关职责、审议各成员国提交的提案、提出工作计划等。各成员国在成员大会上拥有平等的表决权，一般半数以上成员国同意时决议通过，特殊情况时需要三分之二以上成员国的同意，如《国际民用航空公约》的任何修正案。理事会负责成员大会的召开和举办，一般三年一次，通常先由大会、行政、技术、法律、经济五个委员会对各项事宜进行讨论和决定，再将决定提交成员大会审议。特殊情况下可以召开特别会议，但是需要由五分之一以上的成员国向秘书长提出要求。

（2）理事会

理事会是国际民航组织的常设机构，成员大会可以授权理事会处理各项职责事务，但也可以对权力予以收回。理事会由36个缔约国组成，由三年一次的成员大会选举产生。理事会设一名主席，由理事会选举产生，主席同理事会一样三年进行一次选举换届，但主席可以连任。理事会成员国一般分为三种：一是世界各主要地域的国家代表；二是在航空运输领域较为突出，有一定优势的国家；三是在航空运输领域的设施设备制造或技术研究方面做出较大贡献的国家。理事会的日常职责是执行成员大会的决议并报告执行情况、向缔约国通报工作事宜、裁决各种违反国际民用航空运输活动相关规定的行为等。理事会下设八个委员会，分别是财务、技术合作、非法干扰、航行、新航行系统、运输、联营导航、爱德华奖。八个委员会有各自负责的具体事务，包括管理本组织的财务、参与并研究各项国际航空运输发展和经营有关问题等。委员会由理事会统一管理，理事会在每次开会时要对各委员会上报的文件、报告和问题进行处理。

（3）秘书处

秘书处是国际民航组织的常设行政机构，秘书处分设有一个地区事务处和七个地区办事处。这七个地区办事处分别在曼谷、开罗、达喀尔、利马、墨西哥城、内罗毕和巴黎。地区事务处和地区办事处的主要职责是对国际民航组织的规定和标准进行具体执行，按照相关规划监督和帮助各成员国进行民用航空运输建设。秘书处下设航行局、航空运输局、法律局、技术合作局、行政局五个局以及财务处、外事处，旨在进一步细化具体工作范围，协同配合完成各项工作。

3. 国际民航组织的具体工作

国际民航组织的具体工作有以下几方面：遵循组织的议事规则和会议章程，讨论并决定各项国际民用航空活动的相关问题，保障国际民用航空运输事业的安全稳定和长期发展；对公海范围内的导航设备进行管理，维护公海区域的航空安全；帮助有需要的缔约国，进一步提升民用航空运输的相关技术，使各缔约国的民用航空运输业平衡、稳定发展，避免发展差距过大；在国际民用航空法律法规的指导和规范下，制定和修改《国际民用航空公约》，并不断完善《国际民用航空公约》的技术业务部分，制定技术文件，统一国际民用航空的技术执行标准，方便国际民用航空管理工作的实施；研讨国际民用航空运力运价方案，登记双边通航协定，简化国际民用航空过程中的机场联检手续，提升国际民用航空运输效率，促进国际民用航空运输发展。

（二）国际航空运输协会

国际航空运输协会（图 1-3-2）的前身是国际航空业务协会（International Air Traffic Association），该协会于 1919 年在荷兰海牙成立，但是在第二次世界大战期间解体。1945 年 4 月 16 日，国际航空运输协会成立。国际航空运输协会实质上是一个各国航空企业联盟，属于大型非政府国际组织，协会主体是世界各国航空公司而非国家或政府。航空运输业的特殊性质决定了世界各国的大部分航空公司都由国家政府控制并管理，少部分非国有航空公司也受到政府的管辖，需要遵守政府的各项制度。实际上航空公司需要在本国政府允许的范围内执行国际航空运输协会的一些运价标准，因此国际航空运输协会的工作与政府密切相关，它通过航空运输企业协调和沟通各国政府的政策，促进国际航空运输的发展，在航空运输业的实际运作中有着十分重要的作用，属于半官方组织。

图 1-3-2　国际航空运输协会

1. 国际航空运输协会的宗旨和职能

（1）国际航空运输协会的宗旨

国际航空运输协会的宗旨是与国际民航组织和其他国际组织相互配合、通力合作，大力发展国际民用航空事业，助力航空交通，为世界各国人民在航空范畴的人身安全和经济利益保驾护航。国际航空运输协会由各航空公司组成，在必要时可以为各空运企业提供合作途径，拓宽企业的发展道路，为他们提供更广阔的发展空间和更多的机会。

（2）国际航空运输协会的职能

国际航空运输协会的职能有以下几方面：帮助不发达国家发展航空运输技术和培养航空运输专业人才；代理国际航空运输业务，统一运输规则；清算全世界联运票价；协调国际航空运输运价；与各航空公司达成技术合作；等等。

2. 国际航空运输协会的组织机构

（1）全体会议

全体会议由全体正式会员参加，负责审议国际航空运输协会本身的重大问题，是国际航空运输协会的最高权力机构。全体会议每年举行一次，也可以召开特别会议。全体会议的审议范围包括相关委员会的成立、选举协会的主席和执行委员会委员、本组织的财政问题等。所有正式会员在决议中都有平等的表决权，全体会议的决定以多数票通过。

（2）执行委员会

执行委员会由全体会议选举产生，代表着国际航空运输协会。执行委员会由正式会员代表组成，负责制定协会政策、管理协会财务工作、设置具体的分支机构，统筹规划协会的全部日常事务。执行委员会由理事长管理和领导，下设秘书长、专门委员会和内部办事机构，各部门协调配合完成日常工作。

（3）专门委员会

国际航空运输协会分为运输、财务、法律和技术委员会。各委员会由专家、区域代表及其他人员组成，并报执委会和大会批准。

（4）分支机构

国际航空运输协会在多个地区设立地区办事处，这些分支机构的设立由执行委员会具体负责，分支机构的职责是执行国际航空运输协会的工作规划和制度，帮助各地区会员发展航空运输事业。

3. 国际航空运输协会的具体工作

国际航空运输协会的具体工作有以下几方面：维护会员的合法权益；作为会员的代表，参加一些会外活动；在必要时向国际组织和政府申述意见；承办行业内的一些服务活动，如举办会议、培训，进行市场调研，进行相关材料的出版等；还负责协调国际航空运价，规范经营标准和经营程序，监督各企业的经营活动。

4. 国际航空运输协会的成员

对于获得国家政府颁发的执照并提供定期航班的经营性公司，如果颁发执照的国家属于国际民航组织的成员国，那么该公司就可以成为国际航空运输协会的会员。开展国际航空运输业务的企业可以成为国际航空运输协会的正式会员，而只开展国内航空运输业务的企业只能成为国际航空运输协会的准会员。国际航空运输协会是一个国际性非营利的民间航空公司行业协会，是目前世界上最大的国际航空运输组织。

（三）国际机场理事会

国际机场理事会原名为国际机场联合协会（Airports Association Council International），于1991年1月成立，1993年1月1日改称国际机场理事会。国际机场理事会是全世界所有机场的行业协会，是一个非营利性组织，其宗旨是加强各成员与全世界民航业各个组织和机构的合作，包括政府部门、航空公司和飞机制造商等，并通过这种合作，建立一个安全、有效、和谐的航空运输体系。

国际机场理事会成立以前，世界机场行业有三个国际性组织：国际机场经营者协会（Airport Operations Council International，AOCI）、国际民航机场协会（International Civil Airports Association，ICAA）和西欧机场协会（West Europe Airports Association，WEAA）。为协调这三个机场协会之间的关系，建立与各政府机构、航空公司、生产商和其他有关方面的正式联系，1970年，机场协会协调委员会（Airport Associations Coordinating Council，AACC）成立。1985年，西欧机场协会解散。1991年1月，机场协会协调委员会、国际机场经营者协会和国际民航机场协会合并为国际机场联合协会，1993年1月正式更名为国际机场理事会。国际机场理事会总部设在瑞士的日内瓦。

1. 国际机场理事会的发展目标

①保持和发展世界各地民用机场之间的合作，相互帮助。

②就各成员机场所关心的问题，明确立场，形成惯例，以"机场之声"的名义集中发布和推广这些立场和惯例。

③制定加强民用航空业各方面合作的政策和惯例，形成一个安全、稳定、与自然环境相适应的高效的航空运输体系，推动旅游业和货运业乃至各国和世界经济的发展。

④在信息系统、通信、基础设施、环保、金融、市场、公共关系、经营和维修等领域内交流有关提高机场管理水平的信息。

⑤向国际机场理事会的各地区机构提供援助，协助其实现上述目标。

2. 国际机场理事会的组织机构

国际机场理事会目前有五个常务委员会，就其各自范围内的专业制定有关规定和政策。

①技术和安全委员会。技术和安全委员会的业务范围主要涉及缓解空域和机场拥挤状况、未来航空航行系统、跑道物理特征、滑行道和停机坪、目视助航设备、机场设备（图1-3-3）、站坪安全和场内车辆运行、机场应急计划、消防救援、破损飞机拖移等。

图1-3-3 机场设备

②环境委员会。环境委员会的业务范围主要涉及喷气式飞机、螺旋桨飞机和直升机的噪声检测，与噪声有关的运行限制，发动机排放物及空气污染，机场附近土地使用规划，发动机地面测试，跑道化学物质除冰，燃油储存及泼溅，除雾及鸟类控制等。

③经济委员会。经济委员会的业务范围主要涉及机场收费系统、安全服务收费、旅客服务收费、商业用地收入及发展、高峰小时收费、财务统计、机场建设融资及所有权、纳税等。影响机场经济效益的因素主要包括航空公司政策变动，航空公司拆分、合并事项，航空运输协议的签署及航空业与其他高速交通方式的竞争等。

④安全委员会。安全委员会的业务范围主要涉及空陆侧安全、隔离区管理措施、航空安全技术、安全与设备之间的内在关系等。

⑤简化手续和便利旅客流程委员会。简化手续和便利旅客流程委员会的业务范围主要涉及客、货、邮件处理设备，旅客、货物的自动化设备，应对危险物品、毒品的检验措施，以及设备及其影响因素等。

国际机场理事会有六个地区分会：包括非洲地区分会、亚洲地区分会、欧洲地区分会、拉丁美洲/加勒比海地区分会、北美洲地区分会和太平洋地区分会。

国际机场理事会与其他国际性组织保持密切的往来，包括国际民航组织、国际航空运输协会、航空公司驾驶员协会国际联合会、空中交通管制员协会国际联合会等。国际机场理事会在国际民航组织内享有观察员身份，在联合国经济理事会担任顾问。它代表并体现了全体成员的共同立场，反映了机场共同利益。

（四）世界联合旅游代理协会

世界联合旅游代理协会成立于1966年，是全球旅游业中最具代表性的团体，是一个民间机构。参加该组织的成员为各国旅行社协会，其总部在摩纳哥，组织机构分为三级：大会、理事会和执行委员会。

世界联合旅游代理协会通过与其他国际组织进行沟通、交流，针对入境与出境旅游提出意见与建议。这些组织包括国际航空运输协会、国际餐饮协会、国际商业组织等。目前，世界联合旅游代理协会与国际航空运输协会已成为国际公认的旅游专业鉴定机构。

世界联合旅游代理协会致力于教育与培训，以提高旅游代理机构的专业水平，加强旅游代理机构在21世纪的竞争能力。

作为全球旅游业专业水准的最高代表，世界联合旅游代理协会的宗旨是加强各国旅行社协会间的联系，保障旅游业在经济和社会领域中的发展，使旅游业在社会经济中占有相应的位置。

（五）国际航空电信协会

1949年12月23日，荷兰、法国、英国、瑞士等11家欧洲航空公司代表在布鲁塞尔成立了国际航空电信协会，将成员航空公司的通信设备相互连接并共同使用。多年来，随着成员不断增加和航空运输业务对通信需求的增长，国际航空电信协会已成为一个国际化的航空电信机构，经营着世界上最大的专用电信网络。

除全球通信网络以外，国际航空电信协会还建立并运行着两个数据处理中心。一个是位于美国亚特兰大的旅客信息处理中心，主要提供自动订座、离港控制、行李查询、旅客订座和旅游信息等业务；另一个是设在伦敦的数据处理中心，主要提供货运、飞行计划处理和行政事务处理等业务。

二、中国民航管理体制

民航是民用航空的简称。新中国成立之初，我国民航业基础薄弱，航线网络不完善，航空运输服务水平低下。1949年11月2日，民用航空局成立，自此我国民航事业经历了从零开始到发展壮大的艰难过程，取得了辉煌的成就，开启了我国民航事业发展的新篇章。

在改革开放的40多年里，我国逐步建立和完善了以行政管理体制、航空运输企业管理体制、机场管理体制、空中交通管理体制、航空运输服务保障体制、投资体制等六大体制为支撑的新型民航管理体系，形成了目前的"中国民用航空局—民航地区管理局—民航省（区、市）安全监督管理局"三级政府监管体制。

（一）中国民航管理体制的改革历程

新中国成立后，我国的民航系统先后经历了三次体制改革，由最初的军民合一、政企不分的管理体制，逐渐发展为政企分离、机场属地化管理、多种所有制企业平等竞争的新格局。

第一阶段，中华人民共和国成立至改革开放前的30年——我国民航管理体制频繁变迁。

1949年11月2日成立民用航空局后，我国民航管理体制不断变化。1952年5月，中央军委、政务院决定将民用航空局改归空军建制，并将民航行政管理和业务经营分开，改设民用航空局为行政领导机构，设民用航空公司为经营业务的机构。1954年11月，民用航空局改称中国民用航空局，直属国务院领导。1958年2月，中国民用航空局划归交通部领导，后又改称交通部民用航空总局。1962年4月，交通部民用航空总局又改称中国民用航空总局，后又恢复为国务院直属局。1969年11月，国务院、中央军委批准并转发了中共民航总局委员会《关于进一步改革民航体制和制度的请示报告》，决定把中国民用航空总局划归中国人民解放军建制，成为空军组成部分，各项制度按军队执行。以上管理体制的变迁都是根据当时政治、经济、社会发展的形势作出的决定。

第二阶段，始于1987年的政企分离——现代民航管理体制架构基本形成。

1978年解放思想和改革开放逐渐开始，经过一段时间的努力，改革开放的观念已经影响到当时社会的各个层面，各个领域都在寻求发展的新机遇，以适应社会主义现代化建设。但是此时的中国民用航空总局还是归属空军体制，这一体制管理措施不利于我国的经济建设。1980年5月17日，国务院、中央军委发布《关于民航管理体制若干问题的决定》，规定自1980年3月15日起中国民用航空总局划归国务院领导，不再由空军代管；同时明确中国民用航空总局是国家民航事业的行政机构，统一管理全国民航系统的机构、人员和业务，逐步实现企业化的管理。中国民用航空总局由国务院领导是一个重大的改革。1980 年到 1986 年间，民航系统主要走企业化发展道路，主要的方针政策和制度规定由中国民用航空总局拟定，并报国务院进行审批。在管理制度上实行以经济核算制度和人事劳动制度为核心的管理原则，加快民航的企业化步伐，跟上社会改革开放的脚步。随着改革开放的不断深化，社会经济得到发展，人民的需求逐渐增加，而民航各级管理机构内部的体制改革也给民航企业带来了新的机遇。在内外合力的作用下，民航企业的生产力大幅度上升，民航企业的运输总周转量、旅客运输量、货邮运输量都实现了突破性的增长。

根据中共中央 1984 年《关于改革经济体制的决定》，从 1987 年开始，民航系统实施了以政企分开，管理局、航空公司、机场分设为主要内容的体制改革。

一是构筑行业行政管理体制框架。1987 年到 1992 年，我国民航管理体制进行改革，逐渐形成了中国民用航空局、民航地区管理局、民航省（区、市）局这样自上而下的三级行政管理体制。民航地区管理局负责本地区内的民航事务，全国共 6 个，分别在华北、华东、中南、西南、西北、东北六个地区的主要城市设立。在设立民航地区管理局的基础上，在各省（区、市）成立民航省（区、市）安全监督管理局，一般民航省（区、市）安全监督管理局与机场合并，承担部门政府职能，同时实行企业化运营。

二是组建航空运输企业和通用航空企业。1987 年到 1994 年，我国将各个民航地区管理局和部分民航省（区、市）安全监督管理局的航空运输和通用航空业务及其相关的资产、人员分离出来，单独成立了中国国际、东方、南方、北方、西南和西北六大骨干航空公司及对应的分（子）公司。实现了我国民航领域航空运输和通用航空的企业化发展，各民航企业自主经营、自负盈亏。

三是成立独立的机场管理机构。改革期间，民航地区管理局、航空公司和机场逐渐互相独立，机场管理机构作为单独的一部分，负责当地机场的管理工作，而民航省（区、市）安全监督管理局在将航空运输和通用航空业务分离出去后，也和航空公司彼此独立，其工作重心转移到机场管理上。

四是改革空中交通管理体制。空中交通管理业务也在改革中逐渐系统化，各机构原有的空中交通管理业务，被分离整合为新的民航空中交通管理系统，这使各地、各机构的空中交通管理业务被整合成一个独立的整体。这一举措便于今后民航领域的航行管制、航行情报、通信导航、气象保证等工作的有序、高效开展。

五是改革航空运输服务保障体制。在改革前民航相关的服务保障工作，归属民航各级管理机构负责，1987年到1992年我国将这些业务从原机构中分离出来，组成了更具专业性的企事业单位，如中国航空器材进出口总公司、计算机中心和中国航空结算中心、中国航空油料总公司等。这大幅提升了航空运输服务保障工作的效率。

六是改革投资体制。从1988年到1994年，我国对民航事业的投资体制进行了改革，通过允许地方政府、国内企业和公民投资民航企业和机场的规定进一步扩大民航事业的资金来源，促进了民航事业的发展。在该项制度的影响下，航空运输公司和通用航空公司的数量显著增加，加强了我国民航系统向企业化发展的态势，省市政府、国内企业纷纷独立投资或与民航（总）局、中央企业合资，形成了强有力的竞争局面。民航的投资制度不仅做到了对内改革，还加大了对外开放力度，东方航空公司、南方航空公司、首都机场、中国航信等企业先后在香港、纽约等地上市，我国的民航事业和民航运输的相关产业吸引了大批的外资引入。我国还在部分地区设立了直属机场下放地方管理和地方投资建设并管理机场的改革试点。

第三阶段，始于2002年的航空运输企业联合重组、机场属地化管理——民航市场化管理体制初步形成。

根据中共中央完善社会主义市场经济体制和深化国有资产管理体制改革的要求，我国民航系统在2002—2004年进行了以"航空运输企业联合重组、机场属地化管理"为主要内容的第三阶段改革。

一是对现有航空运输企业的联合重组，包括对中国民用航空总局直属的航空公司的联合重组和对中国民用航空总局直接管理的航空运输服务保障企业的联合重组两大举措。中国民用航空总局针对这两大部分的航空运输企业进行了重组改革，分别成立了中国航空集团公司、中国东方航空集团公司和中国南方航空集团公司以及中国航空器材进出口集团公司、中国航空油料集团公司和中国航空信息集团公司，并统一交由国务院国有资产管理委员会管理。

二是对除首都机场和西藏自治区区内机场之外的其他机场进行机场属地化管

理改革。机场由中国民用航空总局直属管理变为由地方政府管理。

三是对民航各管理机构进行体制改革。将行业行政管理体制由原来的三级行政管理，改为只保留中国民用航空总局、民航地区管理局的两级行政管理，进行了机构和职能上的调整。撤销了民航省（区、市）局，设立了民航地区管理局的派驻机构——省（区、市）安全监督管理办公室。还对空中交通管理体制进行了改革，按照"政事分开、运行一体化"的原则，整合优化了空中交通管理工作，形成了"中国民用航空总局空管局—民航地区空管局—空管中心（站）"这样自上而下的三级管理与架构。此外，还对民用航空公安体制进行改革，针对民航领域的安全特殊性组建了空中警察队伍，进一步为航空安全保驾护航。

在以上改革完成后，我国的民航运输业又向前迈进了一大步，体制的完善为行业的后续发展奠定了良好的基础。之后我国民航系统又在市场准入和价格方面进行了一系列的改革，目的是加强民航运输业的市场竞争，促进国内民航运输更好发展，加快民航运输业的市场化进程。2005年，《国内投资民用航空业规定》正式发布施行，越来越多的民营航空公司进入国内航空运输业市场，民营资本大大增加了民航运输业的市场活力。我国民航系统还在改革中不断放宽价格限制，给予航空公司一定的定价自由度，航空公司可以在政府确定的基准价的基础上，进行合理的价格调整，而这个调整的幅度有一定的规定。这一改革措施既保证了定价在一定的水平内浮动，不会影响到市场运行，又能在一定程度上激发市场活力。

2008年3月，第十一届全国人民代表大会第一次会议通过《国务院机构改革方案》，决定组建交通运输部，将交通部、中国民用航空总局的职责，建设部的指导城市客运职责，整合划入交通运输部。组建中国民用航空局，由交通运输部管理，不再保留交通部、中国民用航空总局。我国民航系统正在按照《国务院机构改革方案》的要求，进行新的民航行政管理体制的改革。目前，我国民航系统形成了"中国民用航空局—民航地区管理局—民航省（区、市）安全监督管理局"三级政府监管体制。

（二）中国民用航空局的主要职责

中国民用航空局是国务院部委管理的国家局（由交通运输部管理），是中国政府管理和协调中国民航运输业务的职能部门，对中国民航事业实施行业管理。

按照《国务院机构改革方案》的要求，为建立适应社会主义市场经济的民航管理体制，中国民用航空局的主要职责如下：

①要对民航业的中长期发展提出一定的规划；负责从宏观上把握行业的管理工作；做好行业相关的信息统计工作，提高信息化程度。

②对我国民航业的发展方针、政策、战略进行研究，并提出可行方案；负责拟定民航法律法规草案，监督现行民航法律法规的执行；不断推进民航事业改革的深化，指导相关改革工作。

③制定民航飞行标准和相关制度；审定民用航空器运营人，并对运营过程进行监督；对民航业的飞行人员、飞行签派人员的相关资格进行统一管理；对机场的运行最低标准和飞行程序进行审批。

④制定民航安全保障相关的规章制度，对于民航的安全保障工作实施监督，对民航领域的飞行和地面安全保障工作进行管理；制定航空器飞行事故和事故征候标准，并负责航空器飞行事故的调查、判定和处理。

⑤规划民航空域的使用，对民航航路进行建设和管理；负责民航空中交通管理标准和规章的制定，并监督标准和规章的实施，对民用航空器实施空中交通管理；对空中交通管制人员的资格进行管理；对民航导航通信、航行情报和航空气象工作进行管理。

⑥负责对民航空防安全进行管理，制定与民航安全保卫相关的标准和规章并监督其实施；指导并处理重大民航安全事件，对于非法干扰民航安全的事件进行调查、判定和处理；负责监督并检查防范和处置劫机、炸机事件的安全预案。

⑦审批机场建设和使用规划，对民用机场实行使用许可管理；制定民用机场的建设和运行制度，监督机场的建设和运行按照相关标准进行。

⑧制定民用航空器适航管理标准和规章制度，负责民用航空器型号合格审定、生产许可审定、适航审查、国籍登记、维修许可审定和维修人员资格管理并持续监督检查。

⑨对航空运输工作进行管理，制定民航运输的相关政策、标准和规章制度；管理通用航空市场，对民航企业实行经营许可管理；针对部分重要运输任务进行统筹协调。

⑩负责民航行业价格政策的提出，持续监测民航行业的经济效益情况并提出

有效可行的经济调节办法；负责民航业劳动工资政策的提出，管理直属单位的劳动工资工作。

⑪领导民航地区、自治区、直辖市管理局和管理民航直属院校等事业单位；按规定范围管理干部；组织和指导培训教育工作。

⑫代表国家处理涉外民航事务，负责对外航空谈判、签约并监督实施，维护国家航空权益；参加国际民航组织活动及涉民航事务的政府间国际组织和多边活动。

⑬负责民航党群工作和思想政治工作。

⑭承办国务院交办的其他事项。

（三）中国民用航空局管理机构体系

中国民用航空局管理机构体系分为民航局内设机构、民航地区管理局和民航局直属机构。民航局内设机构中有13个业务司局（办公室），主要负责相关民航业务的管理。全国分为7大民航管理区，由中国民用航空局下设的7个民航地区管理局负责管理本地区所属航空公司、机场、航站、导航台等企事业单位的行政与航空事务。中国民用航空局管理机构体系，如图1-3-4所示。

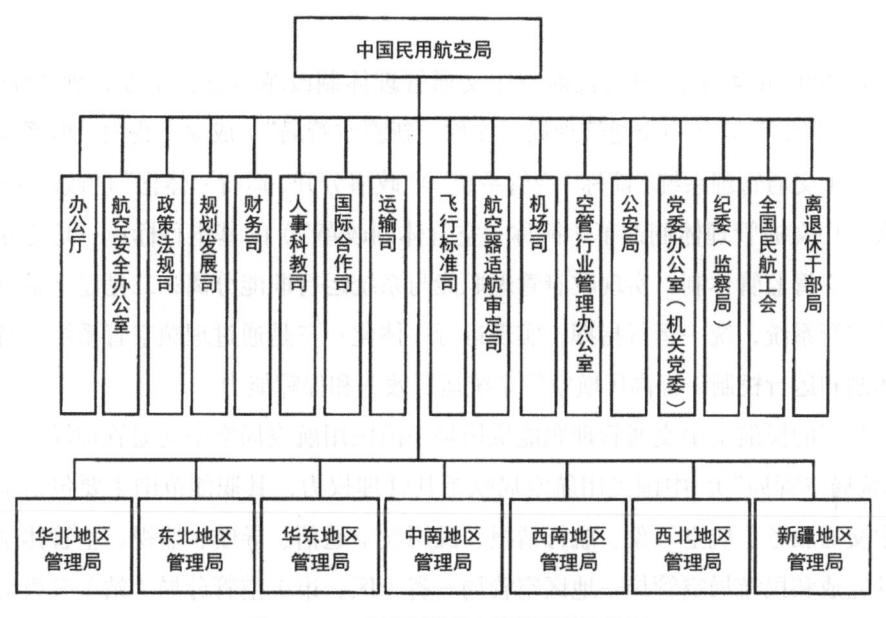

图1-3-4 中国民用航空局管理机构体系

民航局直属机构，包括民航局空中交通管理局、首都机场集团、民航局清算中心、民航局信息中心、民航院校和科研所等企业事业单位。

2009年3月24日，民航华北地区管理局在天津机场举行民航天津安全监督管理办公室更名暨安全监督管理局揭牌仪式。民航天津安全监督管理局是全民航系统落实国务院相关决定，成立的第一个民航安全监督管理局，这标志着我国民航安全监管新体制开始形成。

目前，以中国民用航空局、7个地区管理局、33个安全监督管理局为核心的三级行业监管体制业已形成。

三、空中交通管理体系

空中交通管理（简称"空管"）是一项涉及国家领空安全的重要工作，这项工作影响着我国空域的分类与利用、航线的管理、军用民用航空的统筹协调等。建立健全空中交通管理体系，关乎我国空中交通管理工作的质量和我国空中交通管理活动的方向、效率，有利于促进我国空中交通管理工作更加高效、系统、安全开展。空中交通管理体系应结构层次清晰、职责明确、各方密切配合，具体包括空中交通管理系统的组织、管理以及相关组织制度，是空中交通管理活动的核心。

自2007年4月27日《民航空中交通管理体制改革方案》下发，到2007年9月5日民航新疆空中交通管理局（简称"新疆空管局"）成立，我国民航系统完成了空中交通管理系统（简称"空管系统"）"政事分开、运行一体化"的改革工作。这次空中交通管理体制改革（简称"空管体制改革"）的基本目标：一是建立健全政府空管监管体制，实现政府管理职能与系统运行职能分离；二是建立垂直管理的空管系统，统一运行指挥，实现运行一体化；三是通过理顺空管系统自身管理体制和运行机制，提高民航空管系统运行效率和保障能力。

我国的民航空中交通管理职能机构是中国民用航空局空中交通管理局（简称"民航局空管局"），中国民用航空局赋予其管理权力，其职能范围主要包括全国空中交通服务、航空气象、航行情报、民用航空通信、导航、监视。空管体制改革的完成和民航局空管局—地区空管局—省（区、市）空管分局（站）三级运行体系的建立，实现了空管系统的一体化管理和运行。

（一）我国民航空管系统管理体系

我国民航空管系统目前采用的是民航局空管局、地区空管局、空管分局（站）三级管理体系，空管局、地区空管局、空管分局（站）均为中国民用航空局下属事业单位，按其职能范围开展民航空管工作。我国民航空管系统具体机构设置如图 1-3-5 所示。

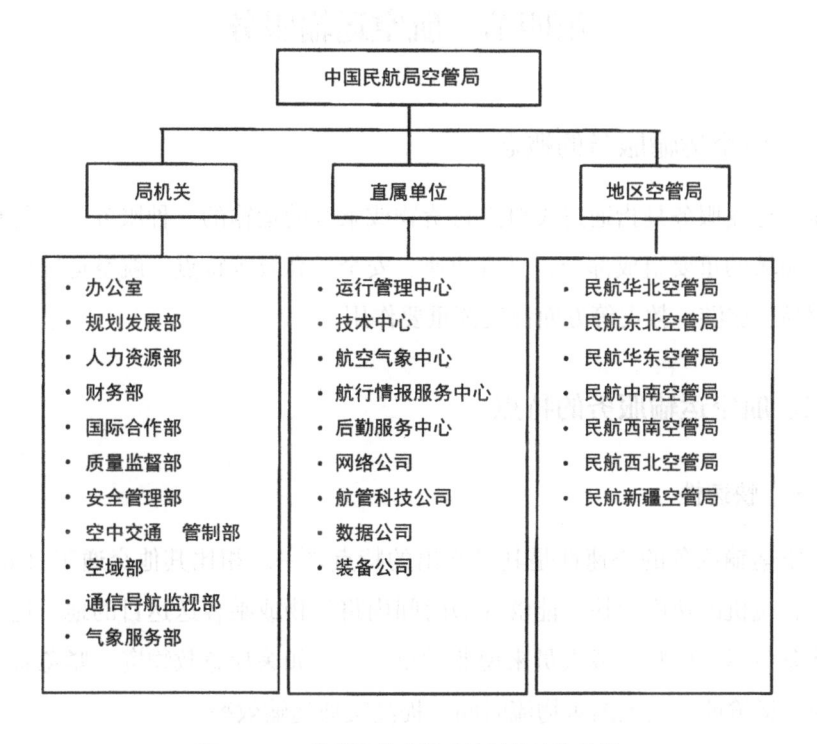

```
                    中国民航局空管局
        ┌───────────────┼───────────────┐
      局机关          直属单位         地区空管局
┌──────────────┐ ┌──────────────┐ ┌──────────────┐
│• 办公室       │ │• 运行管理中心 │ │• 民航华北空管局│
│• 规划发展部   │ │• 技术中心     │ │• 民航东北空管局│
│• 人力资源部   │ │• 航空气象中心 │ │• 民航华东空管局│
│• 财务部       │ │• 航行情报服务中心│ │• 民航中南空管局│
│• 国际合作部   │ │• 后勤服务中心 │ │• 民航西南空管局│
│• 质量监督部   │ │• 网络公司     │ │• 民航西北空管局│
│• 安全管理部   │ │• 航管科技公司 │ │• 民航新疆空管局│
│• 空中交通 管制部│ │• 数据公司   │ │              │
│• 空域部       │ │• 装备公司     │ │              │
│• 通信导航监视部│ │              │ │              │
│• 气象服务部   │ │              │ │              │
└──────────────┘ └──────────────┘ └──────────────┘
```

图 1-3-5　我国民航空管系统具体机构设置

（二）民航地区空中交通管理局的主要职责

民航地区空中交通管理局是管理本地区空中交通服务、民用航空通信、导航、监视、航空气象、航行情报的职能机构。

民航地区空中交通管理局的主要职责有：严格按照我国空管方针政策及法律法规执行本地区内的空中交通管理工作；严格执行本地区内的空域使用和建设规划，建设本地区内的民航空管系统；监控本地区的民航空管系统运行状况并提供民航空中交通管制以及民航通信、导航、监视等服务；负责本地区的民航空管业务培训和技术研发工作；协调辖区内的航班时刻，负责本地区内的空域容量分配；负责所属单位民航空管设施设备的维修维护；领导管理民航省（区、市）空中交通管理分局（站），负责管理所属单位的行政、规划投资、人力资源、财务、党群等工作。

第四节 航空运输服务

一、航空运输服务的概念

航空运输服务是指通过飞机进行货物或乘客的运输的一种服务。它是现代交通运输领域的重要组成部分，具有快速、安全、高效等特点。航空运输服务在国内外贸易、旅游、救灾等方面都发挥重要作用。

二、航空运输服务的特点

（一）快速性

航空运输服务的快速性是其最突出的特点之一。相比其他交通工具如陆路、水路等，飞机的速度更快，能够在短时间内将货物或乘客送达目的地。这对于一些需要紧急运输的物品或人员来说非常重要，比如医疗急救物资、紧急救援人员等。航空运输能够大大缩短物流时间，提高交通运输效率。

（二）安全性

航空运输服务的安全性也是其重要特点之一。航空公司对于安全的重视程度是非常高的，他们会采取各种措施确保飞机和乘客的安全。例如，飞机会经过严格的机械检修和飞行员培训，以确保设备和人员的正常运作。此外，航空公司还会制定严格的运输规定和安全措施，如行李安检、乘客身份核验等，以保证乘客的安全。航空运输服务的安全性得到了广大乘客和货主的认可和信赖。

（三）便捷性

航空运输服务的便捷性也是其重要特点之一。随着航空业的发展，航班的数量和频率都大大增加，不同城市之间的航线网也越来越发达。这意味着乘客和货主可以更加方便地选择航班，根据自己的需求安排行程。航空运输服务为人们的出行和物流提供了更多的选择和可能性。

（四）高效性

航空运输服务的高效性也是其重要特点之一。相比其他交通工具，飞机的运输能力和效率更高。一架飞机可以同时运输大量的乘客和货物，而且在短时间内就能够到达目的地。这使得航空运输服务能够更好地满足人们对于快速、高效的交通需求，提高物流效率，促进经济发展。

航空运输服务是一种快速、安全、便捷、高效的交通方式，对国内外贸易、旅游、救灾等方面都具有重要意义。随着航空业的不断发展和完善，相信航空运输服务会越来越好，为人们的生活和经济发展提供更加优质的服务。

三、现代化航空运输服务体系建设

航空运输业对内可以服务社会、服务群众，具有促进国家发展建设的作用，同时它还是一座城市、一个国家的对外交流窗口。航空运输业的发展在一定程度上代表着本地区和本国家的经济文化发展水平和人文素养，因此要重视航空运输业的发展，完善航空运输服务体系的现代化建设。

（一）现代化航空运输服务体系建设的重要性

现代化航空运输服务体系建设对国家和社会的方方面面都有着重要的影响，因此要大力发展现代化航空运输服务体系。

第一，建设民航强国需要加强现代化航空运输服务体系建设。我国目前正处于建设民航强国的关键时期，2010年以来我国提出了建设民航强国的战略目标，我国的民航事业也在不断发展，但是人民日益增加的民航运输需求与民航事业发展不平衡的矛盾日益凸显，这制约着我国建设民航强国目标的实现。因此，要加强现代化航空运输服务体系建设，积极解决当前航空运输业的主要矛盾，转变发展思路，提升航空运输服务品质。

第二，提升航空运输服务品质需要加强现代化航空运输服务体系建设。不断提升航空运输服务品质，是更好满足我国当前消费者需求的必然选择，也是实现我国民航强国战略目标的必经之路。航空运输服务品质具有其特性：一是要关注其客观性和绝对性，加强物质环境建设和设施建设是提升航空运输服务品质的核心，消费者对服务人员、服务设备、服务环境等"软性"服务的需求，都要通过一定的外部条件来实现；二是要注重航空运输服务品质的主观性和相对性，即要明确消费者的感受是具有一定主观性的，要在做好航空运输服务管理的同时，以消费者的主观体验为中心构建现代化航空运输服务体系，实现主观性与客观性、相对性与绝对性的协调统一；三是要多关注消费者的直接感受和服务评价，根据评价分析溯源进而调整实际的服务流程或物质环境建设。

第三，建设现代化航空运输服务体系能促进航空运输企业的发展。现代化航空运输服务体系的发展与航空运输企业的发展是相辅相成、互相影响的关系，企业发展的多样性和质量关乎现代化航空运输服务体系的稳定性和发展质量，因此企业既受益于现代化航空运输服务体系的建设，也会进一步促进现代化航空运输服务体系的建设，现代化航空运输服务体系的发展和企业的进步密不可分。

（二）现代化航空运输服务体系建设的核心任务

提升航空公司运输服务质量是现代化航空运输服务体系建设的关键。航空运输属于第三产业，航空运输企业的服务质量高低代表着其业务能力的强弱。因此，优化航空运输的服务内容、服务方式和服务制度既是提升航空运输企业业务能力的关键，也是现代化航空运输服务体系建设的核心任务。

1. 优化航空运输服务内容

随着社会的快速发展，航空运输业的市场结构已经从原始的卖方市场转变为现有的买方市场，市场结构的转变对航空运输服务的内容也提出了新的要求。在原有卖方市场的条件下，航空运输服务的内容较为单一，以航空运输企业能提供的基本服务为主，很难让消费者产生较好的服务体验。因此，在目前买方市场条件下，航空运输企业应对航空运输服务的内容不断地进行丰富和扩充，要以顾客需求为核心进行服务内容的优化，特别是要增加相应的增值服务，为有需要的消费者提供更多的选择和个性化的服务。

2. 优化航空运输服务方式

提升航空运输服务质量的关键在于要改变被动服务的思维，不仅要在消费者有显性需求时提供相应服务，更要进一步地优化航空运输服务方式，提供自助式服务、主动式服务和移动式服务。自助式服务指的是利用现代自动化设备如行李运输机、乘客引导系统、手机充电桩等为消费者提供的服务。随着社会科技水平的发展，机器可以完成一部分航空运输服务工作，这样既能大大节约人力还可以给消费者更多的选择，自动化设备的高效性可以使流程更加便捷。主动式服务要求航空运输服务具有一定的主动性，要积极地通过系统向消费者介绍并推荐一些企业的服务内容。移动式服务是指消费者可以通过手机等电子设备，购买服务并完成评价，这样的服务方式可以简化流程，使消费者更加方便。

3. 优化航空运输服务制度

服务制度可以保障现代化航空运输服务的实施，使服务可以有条不紊地开展，完善健全的制度可以提升消费者对航空运输服务的满意度。优化航空运输服务制度可以从以下两方面入手：一是要优化航空运输企业管理制度，从内部管理着手，强化人员的服务能力，提高服务质量；二是要优化消费者投诉和反馈制度，建立评价机制，关注消费者的服务评价内容，分析溯源，及时发现问题并改正问题，从而提升服务质量。

（三）现代化航空运输服务体系的建设对策

1. 建立健全的安全管理控制体系

安全是航空运输业的重中之重，进一步建立健全安全管理控制体系，强化安全意识是现代化航空运输服务体系建设的关键。建立健全安全管理控制体系是指航空运输企业要加强安全措施，定期检查并实时监控安全设备，加强人员培训，注重安全教育和安全文化建设，使安全意识深入人心，针对安全问题完善管理机制和风险控制体系。

2. 创新航空服务组织管理

针对市场需求建立新型的组织结构也是现代化航空运输服务体系建设的一项重要任务。这需要从以下两方面入手：一是构建能够适应国内和国际双重市场的航空服务组织结构，以满足航空运输中的"稳进型服务创新"和"突破型服务创新"的需求；二是要构建"倒金字塔"航空服务组织结构，以优化服务管理体系效能，要通过"倒金字塔"型组织结构有效地削减阻碍航空运输服务创新的环节和因素，从而提高服务效率、降低服务成本。

3. 加大建设资金的投入力度

针对航空运输业的各个领域加大现代化航空运输服务体系建设的资金投入，拓宽发展渠道，促进航空运输服务领域的科学技术研究和创新，鼓励新技术的研发、推广和使用，对设施设备进行及时的更新换代，提高信息化管理水平，做到科学高效的行业监管。

4. 提升一线队伍的技能水平

加强对人员的培养，提升一线服务人员的服务意识和职业素养，鼓励行业协会和工会组织专业性的培训或比赛，增强一线员工的专业能力学习意识、行业自豪感和归属感；调动一线工作人员的主动性，合理对一线工作人员开放授权，提高消费者问题的解决效率，给予一线工作人员一定的自由度，使他们在面对问题和突发状况时能更快速高效地解决问题；推动服务理念、服务标准、服务手册、服务培训、服务资源到基层。

四、航空运输服务创新转换

创新是企业生存和发展的永恒法则。在激烈的市场竞争中，没有创新，就没有企业的竞争优势和生存机会。航空运输企业作为航空运输市场的竞争主体，面对激烈的市场竞争压力，其服务创新问题就显得尤为突出。

创新是推动社会经济发展的重要力量。因此，很早就有学者对此给予了关注。创新是企业家对生产要素的重新组合，创新包括创制新产品、采用新技术和新生产方法、开辟新市场、挖掘和控制新材料来源、实现新型组织五种情形。此后，创新理论被引入社会发展的各个领域。随着对服务业服务创新的研究不断深入，学者逐渐发现，虽然同是服务行业，不同产业内的服务创新仍然存在巨大的差异。航空运输业具有与一般服务行业不同的产业特点，主要表现为高科技、高风险、资金密集型、长产业链、快速便捷、安全舒适等。由于航空运输业在我国社会经济发展中的地位日益凸显，因此对航空运输服务的创新也日益引起人们的关注。

我们根据不同的标准可以把服务创新分为不同的类型。例如，根据服务创新方式，可以分为自主型服务创新、引进型服务创新、整合型服务创新；根据服务创新的范围，可以分为整体型服务创新和局部型服务创新；根据服务创新的内容，可以分为流程型服务创新、概念型服务创新、技术型服务创新（或称为界面型服务创新）、组织型服务创新、内容型服务创新；根据服务创新本身的属性维度，可以分为突破型服务创新、持续型服务创新等。

此处所指的服务创新，可根据服务创新对市场影响的维度分为破坏型服务创新、维持型服务创新。破坏型服务创新是指企业根据现有市场状况，针对非主流消费者或潜在的消费群体，设计出比现有服务性能稍差但价格更便宜、内容更简单的服务产品，然后在此基础上不断完善，最后将现有主流服务产品挤出市场的服务创新类型。破坏型服务创新适用于市场新进入者，而现有市场主导者由于组织机制等因素不便于实施或对此类创新予以漠视。维持型服务创新是指现有的市场主导型服务企业针对主流消费群体，主要通过不断改进和完善现有服务，以提升现有消费群体的客户体验，从而保持现有市场竞争优势的服务创新类型。

（一）航空运输企业实施服务创新转换的必要性

1. 航空运输企业对自身进行服务创新转换的客观需要

航空运输业是我国国民经济的重要组成部分，同时又受到国内外社会经济状况的深刻影响。在我国经济发展进入新常态的情况下，国内的航空运输业也进入了航空新常态，其特点体现在以下几方面：增速下降但适度持续增长成为行业发展基本现实；航空运输服务大众化成为行业发展主流；绿色生态成为行业服务的基本特点；注重内涵提质增效成为行业服务转型的标志；产业之间融合深化成为行业发展趋势；东西部航空运输服务提供覆盖面差距将趋于缩小；国际航空快速发展，国内国际运输趋向均衡。这些新常态的特征，客观上要求航空运输企业只有对自身进行服务创新转换，才能够顺应新形势。

2. 快速适应不断变化的旅客需求

随着社会经济的发展，民众对航空运输业的巨大需求潜力得以释放，促进了航空运输业的发展。与此同时，航空运输业的发展极大地便利了民众的出行，为社会经济活动起到了积极的推动作用。当前，旅客对航空运输企业可选择的程度较高，加剧了民航运输市场竞争。同时，旅客的服务需求具有很大的动态性，客观上增加了航空运输企业服务的难度。为此，需要航空运输企业加强对旅客服务需求的研究和预判，才能够减少提供服务的盲目性和无效性。因此，服务创新转换就显得十分必要。

3. 创建和壮大自身服务品牌的需要

当前，航空运输领域的竞争非常激烈，企业要想尽可能多地赢得旅客，就必须提高服务品牌的知名度、美誉度、可区别度，只有这样才能够为企业带来可持续的获利性。服务创新转换是企业在复杂的市场环境下的应对之举，旨在使企业在提供服务的过程中，紧贴旅客的服务需求，在原有服务的基础上，适时进行服务创新，以增加旅客的愉快体验。

4. 不断提升服务竞争力获取竞争优势的需要

在当前航空运输领域，竞争已成为航空运输企业的常态。我国航空运输业的发展经历了从高度管制到逐渐放宽管制的过程，使航空运输企业的服务提供完成了由基本无竞争到弱竞争再到强竞争的演变。因此，在竞争过程中，如何获取竞争优势已成为众多航空运输企业不得不面对的现实问题。而服务竞争力是企业获取竞争优势的重要内容之一。在企业的服务竞争力中，服务产品的创新程度和创新方式至关重要。由于市场是动态变化的，旅客的服务需求也是动态变化的，服务创新能力和水平直接反映了企业的服务竞争力。具备较强服务竞争力的航空运输企业，就较容易获取竞争优势。

5. 基于航空运输企业生存和发展的需要

随着我国社会主义市场经济体制的逐步建立，航空运输企业在航空运输领域的市场竞争主体地位已经确立。航空运输企业作为市场竞争主体，具有"自主经营、自负盈亏"属性。由于航空运输业的特殊性，国家对航空运输业从过去的严格管制到逐步放开，民营资本进入航空运输领域，使得航空运输业的服务竞争日趋激烈，再加上这些年高铁迅速崛起对航空运输业的冲击和国外航空运输企业的加入对国内航空运输企业形成的竞争压力，国内航空运输企业要想能够长久地生存和发展下去，就必须用好创新这个武器。

6. 适应由民航大国迈向民航强国发展战略的需要

我国40多年的改革开放极大地促进了社会经济的发展，而社会经济发展使得民众对航空运输的需求潜力得以释放，由此也极大地推动了我国航空运输业的发展。改革开放以来，我国的航空运输量快速增长。从2005年起，我国航空运输总周转量已经跃居世界第二，成为名副其实的民航大国。但是，我国距离民航强国还有非常大的差距。在未来一段时间，我国要实现由民航大国向民航强国的历史性跨越，还需要做很多工作，其中非常重要的一点就是航空运输市场竞争主体的服务创新能力，必须有一个大的提升。根据市场需求，自觉实现创新转换是我国航空运输企业的基本使命。

（二）航空服务创新转换模式

航空服务创新转换模式，是指航空运输市场竞争主体根据市场情况和自身发展需要对自身的服务产品所进行的创新方式，主要包括三种模式：由破坏型服务创新转换为维持型服务创新，或由维持型服务创新转换为破坏型服务创新，以及在两者之间的双向转换活动。

1. 由破坏型服务创新到维持型服务创新的转换模式

破坏型服务创新和维持型服务创新属于两种不同的服务创新类型，两者在市场影响力、实施难度、面向消费对象、适用情境等方面均存在很大的不同。由破坏型服务创新转换为维持型服务创新的实施主体往往是在通过破坏型服务创新取得了一定的市场地位，旨在维持和扩大既得的市场地位优势的情况下，通过在现有的服务创新轨道上，进行持续性的服务创新活动，以不断扩大市场优势和巩固市场地位的航空运输企业。因此，当一家企业在由过去的市场破坏者逐渐发展壮大，转变成市场主导者时，服务创新转换是一个自然的过程。此时，如果企业不能够顺应时变，适时进行服务创新转换，势必就会面临非常大的市场风险。中小航空公司在初创发展向成熟发展阶段，适合这种创新转换模式。

2. 由维持型服务创新到破坏型服务创新的转换模式

由于维持型服务创新和破坏型服务创新属于两种不同的创新路径，因此在实施时需要不同的内外部条件。对市场新进入者而言，破坏型服务创新的推进难度较小、风险较小；而对市场的主导者而言，破坏性服务创新往往会面临诸多困难，因为它们所针对的消费对象和所遵循的创新轨道是不同的。破坏型服务创新遵循的是与企业现有服务创新所不同的轨道原则，即通常所说的"另辟蹊径"，因此，它较适合于市场的新进入者；而维持型服务创新所遵循的是企业既有的创新轨道原则，旨在维持企业现有的市场地位和竞争优势。当市场环境条件已经发生巨大变化，企业按照以往的创新轨道不能够维持其既有优势之时，实施服务创新转换就显得非常必要，即由维持型服务创新转向破坏型服务创新。唯有如此，企业方能适应市场环境的变化，在极恶劣的市场竞争中存续下来。大航空公司在成熟发展阶段，需要面临二次创业或面临新的复杂市场环境条件或新进入一个领域时，适合采用这种创新转换模式。

3. 在维持型服务创新与破坏型服务创新之间的双向转换模式

企业在提供服务的过程中，在维持型服务创新与破坏型服务创新这两种服务创新类型中采用双向转换模式是极为艰难的。当企业处于复杂而巨变的环境条件时，不管是市场新进入者还是市场主导者，都面临非常大的生存挑战。市场新进入者根据自身条件需要在部分市场保持破坏型服务创新而在另外市场实施维持型服务创新时，服务创新转换就变得非常必要。现有市场的主导者根据市场环境条件的变化和自身条件仅仅依靠维持型创新已经明显不够，需要在部分市场开展破坏型服务创新时，就开启破坏型服务创新的按钮。

这种在保持现有的某一种服务创新类型，同时又开启新的服务创新类型的过程，称为维持型服务创新与破坏型服务创新之间的双向转换。要做到这点，企业需要具有高度的灵活性和市场敏锐性。在组织内形成可攻可守、可张可缩具有强烈的组织柔性的情况下，实施两者之间的双向创新转换才有可能。如能实施成功，企业势必成为市场的长期主导者。在航空运输市场迈向联盟化、集团化，而航空市场的复杂性程度和不确定性程度很高的情况下，不管是大航空公司还是中小航空公司都需要采用"二元"发展机制，此时这种创新转换模式就比较适合。

（三）实施航空运输服务创新转换需要注意的问题

1. 认识和理解市场、服务创新与企业发展的关系

当前，航空运输市场包括国际航空运输市场和国内航空运输市场两个部分。这两个市场既有共性之处，也有各自的独特之处。对于我国的航空运输企业来说，在这两个市场中，竞争是生存和发展的基本逻辑，而赢得优势的关键则是服务创新。只有从理念上全面深入地理解市场、服务创新及其企业发展的内涵与规律及其相互关系，才能够谈及其他方面。例如，航空运输服务的提供是基于需求而展开的，如果没有需求，提供服务是没有意义的。

从目前的发展趋势看，竞争呈现日趋激烈的态势。航空运输企业要想在市场竞争中赢得一席之地，就必须确立明确的旅客导向，服务必须紧密贴近旅客的需

求。服务创新是为了更好地满足旅客的需求而进行的。由于旅客对服务的需求呈现多变性和复杂性，因此航空运输企业的服务创新要有清晰的目标和指向性，并随时根据需求变化进行创新转型。

2. 创建有利于服务创新转换的组织模式

组织模式是指组织的构成方式和运行架构。不同的组织模式对航空运输企业服务创新的效率是不同的。而在服务创新类型中，破坏型服务创新和维持型服务创新则需要不同的组织架构。要实现从一种服务创新类型向另外一种服务创新类型的转换，组织模式极其重要。组织模式是服务创新转换的物质基础和组织保障，它决定了组织的执行力。

从破坏型服务创新向维持型服务创新的转换所需要的组织架构，与从维持型服务创新向破坏型服务创新的转换所需要的组织架构是不同的，而同时保持维持型服务创新与破坏型服务创新所需的组织架构与前两者又存在不同。一般而言，维持型服务创新往往需要组织架构较刚性，而破坏型服务创新则需要的组织架构较柔性。同时保持维持型服务创新和破坏型服务创新，则需要组织兼具刚性和柔性的双重属性。因此，合理的组织模式对服务创新转换至关重要。

3. 创建有利于服务创新转换的制度和机制

制度是组织运行的规范规则，体现出必要的刚性，是企业生产经营行为的基本依据，维持了企业活动的秩序。机制则是企业经营制度的动态化体现，良好的机制往往有助于提升企业生产经营行为的效率。

在竞争激烈的民航运输市场，服务创新将成为航空运输企业克敌制胜的关键性手段，尤其依赖制度来保障其生产运行的秩序性，同时又需要有效的机制来促进其产品创新的灵活性。因为民航业的高风险属性，要求航空运输企业的服务不能够随心所欲，而出于竞争制胜的需要又不能使其产品一成不变。因此，正确的制度和合理的机制对航空运输企业的服务创新转换至关重要。

4. 增强航空运输企业的服务创新转换执行力

航空运输企业的服务创新转换执行力是使航空运输企业的发展战略得以付诸实践并使之转化为现实的综合能力。航空运输企业在动态的运输市场所面对的一切都是动态变化的，其服务产品不可能一成不变，这就需要航空运输企业所提供的新服务产品的能力是强大的。而服务创新转换执行力涉及航空运输企业的方方面面，其中最重要的是组织学习机制。如果没有良好的学习机制和氛围，企业有再强的意识和再先进的理念、再宏伟的蓝图都于事无补。因此，加强企业的组织学习，提升企业组织学习能力，进而增强服务创新能力，是取得服务创新转换效果的重要路径。

5. 为航空运输企业的服务创新转换提供物质保障

对制造业企业来说，资金、技术、人才是产品创新的三大"法宝"。随着服务业的发展升级，服务创新对服务企业的重要性日益凸显。尤其对航空运输企业而言，更是如此。服务创新转换不仅对中小航空运输企业而言必不可少，对大航空运输企业而言也不可或缺。因为在航空运输市场，虽然不同的航空运输企业实力不同、角色不同、定位不同，但是都想实现可持续经营和发展。因此，积累服务创新转换所需的资源如资金、人才、技术是必不可少的。只有具备充足的资金、人才、技术等必要的服务资源，才能够为其自身的服务创新转换提供必要的物质基础。

目前，航空运输企业面对的是多维的竞争，环境变化剧烈而复杂，不确定性成为常态。为赢得竞争优势，仅仅有服务创新是不够的，还需要企业紧密贴近市场需求，结合自身内外部条件，有效进行服务创新转换，适时为市场提供合适的服务产品，为自身的可持续发展奠定基础。

第二章　航空货物运输

本章为航空货物运输，主要包括三个方面的内容，分别是航空货物运输概念与特点、航空货物运输销售代理业务、航空货物不正常运输的种类与处理。

第一节　航空货物运输概念与特点

一、航空货物运输的概念

航空货物运输是指"使用全货机或客机腹舱进行的货物或邮件运输"。[1] 航空货物运输是通过航空器将货物从一地运往另一地的空中交通运输。严格地说，这种运输还包括从货物所在地到机场之间的地面运输。

航空货物运输是运输产业的一个分支，因此亦具有运输业的主要特点。在运输产业中，水路运输因运费低廉、运输量大，在所有的运输方式中占据主导地位。航空货物运输由于使用了技术含量最高、速度最快的航空器进行运输，能为货主提供快速、经济的服务，因此在运输业中也占据了重要的地位。

二、航空货物运输的特点

航空货物运输具有其他运输方式所不能比拟的优越性。概括起来，航空货物运输的主要特点如下。

（一）运送速度快

到目前为止，飞机仍然是最快捷的交通工具。快捷的交通工具大幅缩短了货物在途时间，最适合于那些易腐烂、变质的鲜活商品，时效性、季节性强的报刊、

---

[1] 李勤昌. 国际货物运输 [M]. 6版. 沈阳：东北财经大学出版社，2022：16.

节令性商品，以及抢险、救急品的运输，这一特点显得尤为重要。运送速度快，在途时间短，也使得货物在途风险降低，因此许多贵重物品、精密仪器也往往采用航空货物运输的形式。当今国际市场竞争激烈，航空货物运输所提供的快速服务也使得供货商可以对国外市场瞬息万变的行情迅速做出反应，迅速推出适销产品占领市场，获得较好的经济效益。

（二）不受地面条件影响

航空货物运输利用天空这一自然通道，不受地理条件的限制。对于地质条件恶劣、交通不便的内陆地区非常合适，有利于当地资源的出口，可有效促进当地经济的发展。

航空货物运输能够连接世界各地，对外辐射面广，而且与公路货物运输与铁路货物运输相比，航空货物运输占用土地少，对寸土寸金、地域狭小地区发展对外交通无疑是十分适合的。

（三）节约包装、保险等费用

由于采用航空货物运输方式，货物在途时间短、周转速度快，企业存货可以相应减少。这一方面有利于资金的回收，减少利息支出，另一方面也可以降低企业仓储费用。此外，由于航空货物运输安全、准确，货损、货差少，保险费用相对较低，与其他运输方式相比，航空货物运输的包装简单，包装成本减少。这些都可以使企业隐性成本下降，企业收益增加。

当然，航空货物运输也具有一定的局限性，主要表现在以下几方面：航空货物运输成本较其他运输方式的成本更高，不适合低价值货物的运输；航空运载工具——飞机的舱容有限，对大件货物或大批量货物的运输有一定的限制；飞机飞行安全容易受恶劣气候影响；等等。

第二节　航空货物运输销售代理业务

一、航空货运代理公司的主要业务

（一）集中托运业务

集中托运是指集中托运人将若干批单独发运的货物组成一整批，向航空公司办理托运，采用一份航空总运单集中发运到同一目的站，由集中托运人在目的地指定的分拨代理商收货，再由分拨代理商分拨给各实际收货人的运输方式，也是航空货物运输中开展最为普遍的一种运输方式，是航空货运代理公司的主要业务之一。

与一般性质的货运代理人不同，集中托运人的地位类似多式联运中的多式联运经营人。集中承运人承担的责任不仅是在始发地将货物交给航空公司，在目的地提取货物并转交给不同的收货人，还包括货物的全程运输责任，而且在运输中具有双重角色。他对各个发货人负货物运输责任，地位相当于承运人，而在与航空公司的关系中，他又被视为集中托运的一整批货物的托运人。

集中托运人在集中托运货物时，首先从各个托运人处收取货物，在收取货物时，需要给托运人一个凭证，这个凭证就是分运单，它表明托运人把货物交给了集中托运人，集中托运人收到了托运人的货物，所以分运单就是集中托运人与发货人交接货物的凭证，集中托运人可自己颁布分运单，不受航空公司的限制，但通常的格式还需按照航空公司的总运单（也称主运单）来制作。在分运单中，托运人栏和收货人栏列明的都是真正的托运人和收货人。

集中托运人在收取货物之后，进行集中托运，需要把来自不同托运人的货物集中到一起，交给航空公司，集中托运人和航空公司之间就需要一个凭证，这个凭证就是总运单。总运单对于集中托运人和航空公司都非常重要，因为它承载了货物的最主要信息，货物运输的过程就是信息流的过程，信息流保证了货物运送的安全性和准确性。总运单表明集中托运人是航空公司的销售代理，表示取得授权的代理人在市场上可以销售航空公司的舱位。通常根据集中托运人的实际情况和结算周期,在集中托运人缴纳一定数量的保证金后,航空公司会分时间间隔发放给集中托运人一定数量的总运单,通常集中托运人销售完一定数量的总运单后,与航空公司进行结算。因此,总运单是集中托运人与承运人交接货物的凭证,同时又是承运人运输货物的正式文件。在总运单中,托运人栏和收货人栏列明的都是集中托运人。在中国只有航空公司才能颁布总运单,任何代理人不得自己印制颁布总运单。

集中托运作为最主要的一种航空货运方式有着鲜明的特征,同时也给托运人带来了极大的便利,主要表现在以下几方面。

①由于航空运费的费率随托运货物数量增加而降低,所以当集中托运人将若干个小批量货物组成一大批出运时,能够争取到更为低廉的费率。集中托运人会将其中一部分用于支付目的地代理的费用,另一部分返还给托运人以吸引更多的客户,其余的作为集中托运人的收益。

②集中托运人的专业性服务也会使托运人收益,这包括完善的地面服务网络,拓宽了的服务项目,以及更高的服务质量。

③因为航空公司的总运单与集中托运人的分运单效力相同,所以集中托运形式下托运人结汇的时间提前,资金的周转加快。

集中托运也有它的局限性。主要表现在以下几方面。

①贵重物品、活动物、危险品、外交信袋等特种货物,根据航空公司的规定不得采用集中托运的形式。

②由于集中托运的情况下,货物的出运时间不能确定,所以不适合易腐烂变质的货物、紧急货物或其他对时间要求高的货物的运输。

③对一些可以享受航空公司优惠运价的货物,使用集中托运的形式可能不仅不能享受到运费的节约,反而使托运人运费负担加重。

(二)国际多式联运业务

如今,越来越多的代理公司开始开展以航空货物运输为主的国际多式联运业务,《联合国国际货物多式联运公约》对国际多式联运所做的定义是:国际多式联运是指多式联运经营人按照多式联运合同,以至少两种不同的运输方式,将货物从一国境内接管的地点运到另一国境内的指定交货地点的运输方式。例如,从上海到南非的约翰内斯堡，经过了空运——从上海到德班（Durban），再经陆运从德班到约翰内斯堡。

众所周知，各种运输方式均有自身的优点与不足。一般来说，水路货物运输具有运量大、成本低的优点；公路货物运输则具有机动灵活，便于实现货物门到门运输的特点，铁路货物运输的主要优点是不受气候影响，可深入内陆和横贯内陆实现货物长距离的准时运输；而航空货物运输的主要优点是可实现货物的快速运输。由于国际多式联运严格规定必须采用两种和两种以上的运输方式进行联运，因此这种运输组织形式可综合利用各种运输方式的优点，充分体现社会化大生产大交通的特点。

二、航空货物出港运输销售代理业务

（一）航空货物出港运输销售代理业务概述

航空货物出港运输销售代理业务是指销售代理人接受航空公司委托，以被代理人的名义，将航空公司产品销售给货主，并为货主提供货物运输相关服务整个流程各个环节所需办理手续的代理业务。

航空货物运输销售代理人销售的产品是航空公司提供的货物位置的移动。只有飞机舱位配载了货物，航空货物运输才会具有实质性的内容，因此市场销售处于整个航空货物运输销售代理业务程序的核心，这项工作的成效也直接会影响到代理公司的利润和未来的发展，是航空货物运输销售代理人的一项重要的工作。因此，一个发展较好的代理公司一般都有相当数量的销售人员或销售网点从事市场销售工作。

从营销战略的角度来说，代理公司要对航空公司所在地的区域经济发展有所了解，了解哪些企业生产的产品适合采用航空货物运输，从发展趋势进行潜在的市场分析，了解城市经济的未来发展规划，该区域中会增加哪些高科技企业，这些企业适合采用航空货物运输的产品将在本公司货量中占据多少份额，并针对一些使用其他运输方式的货物进行分析，利用航空货物运输的优势，挖掘潜在客户。

从销售代理人的角度来说，随着知识经济时代的到来，市场一体化和经济全球化导致了市场竞争越来越激烈，适用于市场不断变化的新型的公司管理模式快速涌现。现代企业对于运输的要求越来越严格，对销售代理人各方面综合素质的要求也越来越高。因此，销售代理人不仅要对航空货物运输的业务流程非常熟悉，知识面要宽广，而且要能在变化的市场面前迅速把握住时机。

（二）航空货物出港运输销售代理业务程序

1. 市场销售

市场销售是整个出港运输销售代理业务流程的第一个环节。航空货物运输市场是由航空公司提供的产品（位移）、货主的购买力以及货主购买欲望决定的。航空货物运输市场销售就是销售代理人介绍航空公司产品所提供的利益，以满足货主特定需求的过程。

在具体操作时，销售代理人需及时向出港单位介绍本公司的业务范围、服务项目、各项收费标准，特别是向托运人介绍优惠运价，介绍本公司的服务优势等。

航空货运代理公司与托运人就货物运输事宜达成意向后，可以向发货人提供所代理的有关航空公司的"国际货物托运书"。对于长期运输或运输货量大的单位，航空货运代理公司一般都与之签订长期的代理协议。

2. 委托运输

一些较大的企业作为发货人发货时，首先需要和航空货运代理公司签署委托运输协议书，并加盖公章，作为货主委托代理承办航空货运出港货物的依据。航空货运代理公司根据委托运输协议书要求办理货物运输手续，并据以结算费用。

在接受托运人委托后，单证操作前，航空货运代理公司的指定人员对托运书或者委托运输协议进行审核称为合同评审。

3. 审核单证

所需要审核的单证根据贸易方式、信用证等有所不同，主要包括以下内容。

①发票、装箱单：发票上一定要加盖公司公章（业务科室、部门章无效），标明价格术语和货价（包括无价样品的发票）。

②托运书：一定要注明目的港名称或目的港所在城市名称，明确运费预付或运费到时、货物毛重、收发货人、电话/电传/传真号码。托运人签字处一定要有托运人签名。

③报关单：注明经营单位注册号、贸易性质、收汇方式，并要求在申报单位

处加盖公章。

④外汇核销单：在出港单位备注栏内，一定要加盖公司章。

⑤许可证：合同号、出港口岸、贸易国别、有效期一定要符合要求，与其他单据相符。

⑥商检证：商检证、商检放行单、盖有商检放行章的报关单均可。商检证上应有海关放行字样。

⑦装箱清单：向海关交验的主要单证之一，需要列明该次进出境所载运的全部货物情况，包括货品、件数、重量、运单号或提单号。

⑧进料/来料加工核销本：注意本上的合同号是否与发票相符。

⑨索赔/返修协议：要求提供正本，要求合同双方盖章，外方盖章时，可以签字。

⑩到付保函：凡到付运费的货物，发货人都应提供。

⑪关封：用于海关内部联系、交接有关单证所使用的印有"海关关封"字样，可以加封的信封，不可以私自拆开。

4. 制订预配舱方案

销售代理人汇总所接受的委托和客户的预报，并输入电脑，计算出各航线的件数、重量、体积，按照客户的要求和货物重、泡情况，根据各航空公司不同机型对不同板箱的重量和高度要求，制订预配舱方案，并对每票货配上运单号。

5. 预订舱

销售代理人根据所指定的预配舱方案，按航班、日期打印出总运单号、件数、重量、体积，向航空公司预订舱。这一环节称为预订舱，是因为此时货物可能还没有入仓库，预报和实际的件数、重量、体积等都会有差别，这些留待配舱时再做调整。

6. 接受单证

销售代理人接受托运人或其代理人送交的已经审核确认的托运书及报关单证和收货凭证。将电脑中的收货记录与收货凭证核对。制作操作交接单，填上所收到的各种报关单证份数，给每份交接单配一份总运单或分运单。将制作好的交接单、配好的总运单或分运单、报关单证移交制单。如此时货未到或未全到，可以按照托运书上的数据填入交接单并注明，货物到齐后再进行修改。

7. 填制货运单

填制航空货运单，包括总运单和分运单。填制航空货运单是空运出港业务中最重要的环节，航空货运单填写的准确与否直接关系到货物能否及时、准确地运达目的地。航空货运单是发货人收结汇的主要有价证券。因此运单的填写必须详细、准确，严格符合单货一致、单单一致的要求。

填制航空货运单的主要依据是发货人提供的国际货物托运书。托运书上的各项内容都应体现在航空货运单上，如发货人和收货人的全称、详细地址、电话、电传、传真和账号，出港货物的名称、件数、重量、体积、包装方式，承运人和代理人的名称和城市名称，始发地机场和目的地机场，等等。

对于已事先订舱的货物和运费到付的货物，运单上还要注明已订妥的航班号、航班日期。对于运输过程中需要特殊对待的货物（如需冷藏、保持干燥），应在货运单"HANDLING INFORMATION（处理事项）"一栏中注明。

按体积重量计算运费的货物，在货运单上货物品名一栏中需注明体积、尺寸。托运人提供的货物合同号、信用证号码等，如有必要应在货运单上注明。货运单因打字错误或其他原因需要修改时，应在更改处加盖本公司修改章。

货物的实际重量，以航空公司的重量为准。重量单位一般以千克（kg）来表示。运价类别一般用"M、N、Q、C、R、S"来表示。其中："M"代表最低重量，"N"代表45千克以下普通货物运价，"Q"代表45千克以上普通货物运价，"C"代表指定商品运价，"R"代表附加运价，"S"代表附减运价。

所托运货物，如果是直接发给国外收货人的单票托运货物，填开航空货运代理公司运单即可。如果货物属于以国外代理人为收货人的集中托运货物，必须先为每票货物填开航空货运代理公司的分运单；然后再填开航空货运代理公司的总运单，以便国外代理人对总运单下的各票货物进行分拨。

在接到移交来的交接单、托运书、总运单、分运单、报关单证后，应进行分运单、总运单直单、拼总运单的运单填制。总运单上的运费按所适用的公布运价填制，并注意是否可以用较高重量点的运价，分运单上的运费和其他费用按托运书和交接单的要求填制。

相对应的几份分运单件数应与总运单的件数相符合；总运单下有几份分运单时，需制作航空货物清单。

最后制作空运出港业务日报表供制作标签用。

8. 接收货物

接收货物是指航空货运代理公司把即将发运的货物从货主手中接过来并运送到自己的仓库。

接收货物一般与接单同时进行。对于通过空运或铁路从内地运往出境地的出港货物，航空货运代理公司按照发货人提供的运单号、航班号及接货地点接货日期，代其提取货物。如货物已在始发地办理了出港海关手续，发货人应同时提供始发地海关的关封。

接货时应对货物进行过磅和丈量，并根据发票、装箱单或送货单清点货物，核对货物的数量、品名、合同号或唛头等是否与货运单上所列一致。并应检查货物的外包装是否符合运输要求。

9. 加贴标记和标签

运输标记：货物外包装上的标志、标签的总称。

运输标志：货物包装上标明托运人、收货人名称、地址以及储运注意事项的标记。

运输标签：标明货运单号码、货物流向、重量与件数的标记。运输标签一般分为粘贴式标签和拴挂式标签。

加贴运输标记，主要是为了防止发生差错事故，保证货物安全和运输正常。标签加贴一定要明显，并且填写内容时字迹要求清晰、准确。

在加贴标记和标签的过程中应注意以下几点。

①在货物的外包装上，必须由托运人逐件书写或钉附明显的运输标记。

②货物标签上各项内容的字迹一定要清晰易辨。

③运输标记或标签的粘贴一定不能倒贴或者歪贴，应当根据货物的形状，尽量贴挂在明显易见的部位。

④每件货物的外包装上都必须贴挂一个或者多个运输标记，注意不能贴挂在包装外部的捆扎材料上。

⑤超重货物的包装外面，应当注意标注"重心点""由此吊起"的指示标记。

⑥在重新使用旧包装时，包装外部的残旧标记必须清除或者涂掉。

⑦凡是用陶瓷、玻璃做容器的液体、气体货物，或者精密易损、质脆易碎的

外包装货物，其外包装必须粘贴"小心轻放""向上"的指示标签。

⑧运输标记应当由承运人或代理人贴挂，并要逐件检查，发现错漏或者位置不当时，应当及时纠正。

⑨包机运输的货物，如果货物全属于一个单位，运往同一个目的站而不转机运输，则可以不用贴挂运输标签。

10. 配舱

配舱就是根据已接收或预接收货物进行舱位预配，以做到合理利用航空公司舱位。这时需要核对货物的实际件数、重量、体积与托运书上预报数量的差别。同时，对于货物晚到、未到情况以及未能顺利通关放行的货物做出调整处理，为制作舱单做准备。实际上，这一过程一直延续到单、货交接给航空公司后才完毕。

11. 订舱

订舱就是对所接收空运货物向航空公司申请并预订舱位。

货物订舱需根据发货人的要求和货物标识的特点而定。一般来说，大宗货物、紧急物资、鲜货易腐物品、危险品、贵重物品等，必须预订舱位。非紧急的零散货物，可以不预订舱位，如中国南方航空公司针对普货可以接受代理人网上直接订舱。

订舱的具体做法和基本步骤是接到发货人的发货预报后，向航空公司吨控部门领取并填写订舱单，同时提供相应的信息：①货物的名称；②体积（必要时提供单件尺寸）；③重量；④件数；⑤目的地；⑥要求出运的时间等；⑦货运单号码；⑧其他运输要求（温度、装卸要求、货物到达目的地时限等）。

航空公司根据实际情况安排航班和舱位。航空公司舱位销售的分配顺序如下。

①抢险救灾、急救、外交信袋、枪械、灵柩、押运货物及政府指定急运的物品。

②邮件、固定配额舱位、高运价货物舱位。

③临时拉卸的已订妥舱位的货物。

④国际国内已订舱的中转联程货物直销、承诺货物。

⑤一般鲜活易腐物品。

⑥零星小件货物，每票货物实际重量或计费重量在 30 kg 以下的。

⑦其他普通货物。

⑧预拉货。

航空货运代理公司订舱时，可依照发货人的要求选择最佳的航线和最佳的承运人，同时为发货人争取最低、最合理的运价。订舱后，航空公司签发舱位确认书（舱单），同时给予装货集装器领取凭证，以表示舱位订妥。

预订的舱位有时会因货物问题、舱位超售（某些航空公司为了不造成航空运力的浪费，进行适度的超售）问题、单证问题、海关问题而导致最终舱位不够或者空舱，此类情况需要综合考虑，尽量减少此类事情发生，并且在事情发生后要及时采取必要的调整和补救措施。

12. 出港报关

出港报关，是指发货人或其代理人在国际货物发运前，向出境地海关办理货物出港手续的过程。

出港报关的基本程序如下：

①将发货人提供的出港货物报关单的各项内容输入计算机，即计算机预录入。

②在通过计算机填制的报关单上加盖报关单位的报关专用章。

③将报关单与有关的发票、装箱单和货运单综合在一起，并根据需要随附有关的证明文件。

④以上报关单证齐全后，由持有报关证的报关员正式向海关申报。

⑤海关审核无误后，海关官员即在用于发运的运单正本上加盖放行章，同时在出港收汇核销单和出港报关单上加盖放行章，在发货人用于产品退税的单证上加盖验讫章，粘贴上防伪标志。

⑥完成出港报关手续。

出运修理件、更换件时，需留取海关报关单，以备以后进港报关用。

出港货物根据动卫检部门的规定和货物种类，填制相应的动、卫签单。非动植物及其制品类，要求填制卫检申报单，加盖卫检放行章。

动植物类货物除卫检申报单外，还需动植检报验单并加盖放行章。

化工类产品必须到指定地点检验证明是否适合空运。而不同的出港货物亦有各种规定和限制。

13. 出舱单

配舱方案编制后就可着手编制出舱单。

出舱单的内容包括出舱单的日期、承运航班的日期、装载板箱形式及数量、货物进舱顺序编号、总运单号、件数、重量、体积、目的地三字代码和备注。

14. 板箱操作

根据订舱计划向航空公司申领板、箱并办理相应的手续。提板、箱时，应领取相应的塑料薄膜和网。对所使用的板、箱要登记、销号（此过程目前主要由航空公司委托机场地面服务代理公司或自行操作，具体拼板箱等操作细节在此不做说明）。

15. 签单

托运人在货运单上盖好海关放行章后还需到航空公司签单。主要是审核货运单填写、运价使用是否正确以及根据货物的品名、包装进行检查，看是否适合空运。只有签单确认后才允许将单、货交给航空公司进行装机操作。

16. 交接发运

签单完毕后，由机场地面服务代理公司或航空公司自行收运货物，进行安检放行。

交接就是向航空公司交单交货，由航空公司安排航空运输。交单就是将随机单据和应由承运人留存的单据交给航空公司。随机单据包括第二联航空运单正本、发票、装箱单、产地证明、品质鉴定书等。

交货就是把与单据相符的货物交给航空公司。交货之前必须粘贴或拴挂货物标签，清点和核对货物，填制货物交接清单。大宗货、集中托运货，以整板、整箱称重交接；零散小货按票称重，计件交接。航空公司审单验货后，在交接签单上验收，将货物存入出港仓库，单据交吨控部门，以备配载。

17. 航班跟踪

单、货交接给航空公司后，航空公司会因种种原因，如航班取消、延误、溢载、故障、改机型、错运、倒垛或装板不符规定等，未能按预定时间运出，所以货运代理公司从单、货交给航空公司后就需对航班、货物进行跟踪。

需要联程中转的货物，在货物运出后，要求航空公司提供第二、三程航班中转信息。即使有些货物事先已预订了第二、三程航班，也需要确认中转情况。对于国际货物运输，有时还需直接发传真或电话与航空公司的海外办事处联系货物中转情况。及时将上述信息反馈给客户，以便遇有不正常情况时及时处理。

18. **信息服务**

航空货运代理公司必须在多个方面为客户做好信息服务。

①订舱信息。应将是否订妥舱位及时告诉货主或委托人，以便及时备单、备货。

②审单及报关信息。应在审阅货主或委托人送来的各项单证后，及时向发货人通告。如有遗漏失误及时补充或修正。在报关过程中，遇有任何报关、清关的问题，亦应及时通知货主，共商解决。

③仓库收货信息。应在将货主的货物送达货运代理人的仓库前，告诉仓库出港货物的到达时间，并在货物送达后将货量、体积、缺件、货损情况及时通告货主，以免事后扯皮。

④交运称重信息。运费计算标准以航空公司称重、所量体积为准，如在航空公司交运称重过程中，发现称重、体积与货主声明的重量、体积有误，且超过一定比例时，必须通告货主，求得确认。

⑤第二程航班信息。应及时将航班号、日期及以后跟踪了解到的第二程航班信息及时通告货主。

⑥集中托运信息。对于集中托运货物，还应将发运信息预报给收货人或其代理人，以便对方及时接货、查询、进行分拨处理。

⑦单证信息。货运代理在发运出港货物后，应将发货人留存的单据，包括盖有放行章和验讫章的出港货物报关单、出港收汇核销单、第三联航空运单正本以及用于出港产品退税的单据，交付或寄送发货人。

19. **费用结算**

代理人的费用结算主要涉及同发货人、承运人和国外货运代理人三方面的结算。

（1）发货人结算费用

在运费预付的情况下，收取以下费用：航空运费；地面运输费；各种服务费和手续费。

（2）承运人结算费用

向承运人支付航空运费及代理费，同时收取代理佣金。

（3）国外代理人结算主要涉及付运费和利润分成

到付运费实际上是发货方的航空货运代理公司为收货人垫付的，因此收货方的航空货运代理公司在将货物移交收货人时，应收回到付运费并将有关款项退还发货方的航空货运代理公司。同时发货方的航空货运代理公司应将代理佣金的一部分分给其收货地的航空货运代理公司。

由于航空货运代理公司之间存在长期的互为代理协议，因此与国外代理人结算时一般不采取一票一结的办法，而是采取应收应付相互抵消、在一定期限内以清单冲账的办法。

三、航空货物进港运输销售代理业务

（一）航空货物进港运输销售代理业务概述

航空货物进港运输代理业务是指航空货运代理公司办理货物从入境到提取或转运整个流程的各个环节所需手续以及准备相关单证的代理业务。

航空货运代理公司应努力构建自己的代理服务网络，根据自己的业务种类、规模大小、资金实力、营销战略目标等情况决定设立海外代理公司或是利用海外合作代理伙伴来完成货物在进港国的相关手续。

（二）航空货物进港运输销售代理业务程序

1. 代理预报

在发货之前，由航空货运代理公司将运单、航班、件数、重量、品名、实际收货人及其他地址、联系电话等内容通过传真或 E-mail 发给目的地航空货运代理公司，这一过程被称为预报。到货预报的目的是使目的地航空货运代理公司做好接货前的所有准备工作。同时，注意中转航班，中转航班的延误会使实际到达时间和预报时间出现差异；注意分批货物，从国外一次性运来的货物在国内中转时，由于国内载量的限制，往往采用分批的方式运输。

2. 交接单证、货物

航空货物入境时，与货物相关的单据（运单、发票、装箱单等）也随机到达，运输工具及货物处于海关监管之下。货物卸下后，将货物存入航空公司或机场的监管仓库，进行进港货物舱单录入，将舱单上总运单号、收货人、始发站、目的站、

件数、重量、货物品名、航班号等信息通过电脑传输给海关留存，供报关用。

同时根据运单上的收货人及地址寄发取单、提货通知。若运单上收货人或通知人为某航空货运代理公司，则把运输单据及与之相关的货物交给该航空货运代理公司。航空公司的机场地面服务代理人向航空货运代理公司交接的有货物交接清单、总运单、随机文件、货物。

交接时要进行单证核对，即交接清单与总运单核对；单、货核对，即交接清单与货物核对。另外还需注意分批货物，做好空运进港分批货物登记表。

航空货运代理公司在与航空公司办理交接手续时，应根据运单及交接清单核对实际货物，若存在有单无货或有货无单的情况，应在交接清单上注明，以便航空公司组织查询并通知入境地海关。

发现货物短缺、破损或其他异常情况，应向航空公司索要航空货物运输事故记录单，作为实际收货人交涉索赔事宜的依据。

通常在下列几种情况下：航空货运代理公司需要请航空公司开具航空货物运输事故记录单。

①包装货物受损

a. 纸箱开裂、破损、内中货物散落（含大包装损坏、散落为小包装，数量不详）；

b. 木箱开裂、破损，有明显受撞击迹象；

c. 纸箱、木箱未见开裂、破损，但其中液体漏出。

②裸装货物受损

a. 无包装货物明显受损，如金属管、塑料管压扁、断裂、折弯；

b. 机器部件失落、仪表表面破裂等。

③木箱或精密仪器上防震、防倒置标志泛红。

④货物件数短缺。

部分货损不属运输责任，因为在实际操作中，部分货损是指整批货物或整件货物中极少或极小一部分受损，是航空运输较易发生的损失，故航空公司不一定愿意开具证明，即使开具了"有条件、有理由"证明，货主也难以向航空公司索赔，但可据以向保险公司提出索赔。对货损责任难以确定的货物，可暂将货物留存机场，商请货主单位一并到场处理。

3. 理货与仓储

航空货运代理公司自航空公司接货后，即短途驳运进自己的监管仓库，组织理货及仓储。

（1）理货内容

①逐一核对每票件数，再次检查货物破损情况，遇有异常，确属接货时未发现的问题，可向民航提出交涉。

②按大货、小货，重货、轻货，单票货、混载货，危险品、贵重品，冷冻、冷藏品，分别堆存、进仓。堆存时要注意货物箭头朝向，总运单、分运单标志朝向，注意重不压轻、大不压小。

③登记每票货储存区号，并输入计算机。

（2）仓储注意事项

鉴于航空进港货物的贵重性、特殊性，其仓储要求较高，应注意以下几点。

第一，防雨淋、防受潮。货物不能置于露天，不能无垫托置于地上。

第二，防重压。纸箱、木箱均有叠高限制，纸箱受压变形，会危及箱中货物安全。

第三，防温升变质。生物制剂、化学试剂、针剂药品等部分特殊物品，有储存温度要求，要防止阳光暴晒。一般情况下，冷冻品置于 $-20\ ℃\sim-15\ ℃$ 冷冻库（俗称低温库），冷藏品置放于 $2\ ℃\sim8\ ℃$ 冷藏库。

第四，防危险品危及人员及其他货品安全。空运进港仓库应设立独立的危险品库。易燃、易爆品、毒品、腐蚀品、放射品均应分库安全置放。以上货品一旦出现异常，均需及时通知消防安全部门处理。放射品出现异常时，还应请卫生检疫部门重新检测包装及发射剂量外泄情况，以便保证人员及其他物品安全。

第五，为防贵重品被盗，贵重品应设专库，由双人制约保管，防止出现被盗事故。

4. 理单与到货通知

（1）理单

①集中托运，总运单项下拆单

第一，将集中托运进港的每票总运单项下的分运单分理出来，审核其与到货情况是否一致，并制成清单输入计算机。

第二，将集中托运总运单项下的发运清单输入海关计算机，以便实施按分运单分别报关、报验、提货。

② 分类理单、编号

第一，总运单是直单、单票混载，这两种情况一般无清单。

第二，多票混载有分运单，分运单件数之和应等于总运单上的件数。

第三，货物的种类有指定货物、非指定货物、单票、混载、总运单到付、分运单到付、银行货、危险品、冷冻冷藏货物等，随机文件中有分运单、发票、装箱单、危险品证明等。

第四，按照已标有仓位号的交接清单编号并输入计算机，内容有：总运单号、分运单号、发票号、合同号、航班、日期、货名、货物分类、贸易性质、实到件数、已到件数、实到重量、计费重量、仓位号、收货单位、代理人、本地货、外地货、预付、到付、币种、运费、金额等。

③ 运单分类的常用方法

第一，分航班号理单，便于区分进港方向。

第二，分进港代理理单，便于掌握、反馈信息，做好对代理的对口服务。

第三，分货主理单，指经常有大批货物的货主，将其运单分类，便于联系客户，制单报关和送货、转运。

第四，分口岸、内地或区域理单，便于联系内地货运代理公司，便于集中转运。

第五，分运费到付、预付理单，便于安全收费。

第六，分寄发运单、自取运单客户理单。

在分类理单的同时，应将各票总运单、分运单编上一个航空货运代理公司自己设定的编号，以便内部操作及客户查询。

④ 编配各类单证

航空货运代理公司将总运单、分运单与以下几类单证编配。

第一，随机单证。

第二，国外代理公司先期寄达的单证（发票装箱单、合同副本、装卸、运送指示等）。

第三，国内货主或经营到货单位预先交达的各类单证。

航空货运代理公司理单人员应将其逐单审核、编配。其后，凡单证齐全、符合报关条件的即转入制单、报关程序。否则，即与货主联系，催齐单证，使之符合报关条件。

（2）到货通知

货物到目的港后，航空货运代理公司应从航空运输的时效出发，为减少货主仓储费，避免海关滞报金，尽早、尽快、尽妥地通知货主到货情况，提请货主配齐有关单证，尽快报关。

尽早：到货后，第一个工作日内就要设法通知货主。

尽快：尽可能用传真、电话预通知客户，单证需要传递的，尽可能使用特快专递，以缩短传递时间。

尽妥：一星期内应保证以电函、信函形式第三次通知货主，并应将货主尚未提货情况告知发货人或其代理人。

到货通知应向货主提供到达货物的以下内容。

第一，运单号、分运单号、货运代理公司编号。

第二，件数、重量、体积、品名、发货公司、发货地。

第三，运单、发票上已编注的合同号、随机已有单证数量及尚缺的报关单证。

第四，运费到付数额，航空货运代理公司地面服务收费标准。

第五，航空货运代理公司及仓库的地址（地理位置图）、电话、传真、联系人。

第六，提示货主：海关关于超过十四天报关收取滞报金及超过三个月未报关货物上交海关处理的规定。

5. 制单、报关

（1）制单

制单指按海关要求，依据运单、发票、装箱单及证明货物合法进港的有关批准文件，制作"进港货物报关单"，航空货运代理公司制单时的一般程序如下。

第一，长期协作的货主单位，有进港批文、证明手册等存放于货运代理处的，货物到达，发出到货通知后，即可制单、报关，通知货主运输或代办运输。

第二，部分进港货，因货主单位（或经营单位）缺少有关批文、证明的，可于理单、审单后，列明内容，向货主单位催寄有关批文、证明，亦可将运单及随机寄来单证、提货单以快递形式寄货主单位，由其备齐有关批文、证明后再决定制单、报关事宜。

第三，无须批文和证明的，可即行制单、报关，通知货主提货或代办运输。

第四，部分货主要求异地清关时，在符合海关规定的情况下，制作"转关运输申报单"办理转关手续，报关单上需由报关人填报的项目有进港口岸、收货单位、经营单位、合同号、批准机关及文号、外汇来源、进港日期、提单或运单号、运杂费、件数、毛重、海关统计商品编号、货品规格及货号、数量、成交价格、价格条件、货币名称、申报单位、申报日期等，转关运输申报单、内容少于报关单，亦需按要求详细填列。

（2）报关

进港报关是进港运输中关键的环节。报关程序中，还有许多环节，大致可分为初审、审单、征税、验放四个主要环节。

①初审

第一，初审是海关在总体上对报关单证做粗略的审查。

第二，审核报关单所填报的内容与原始单证是否相符、商品的归类编号是否正确、报关单的预录入是否有误等。

第三，初审只对报关单证作形式上的审核，不做实质性的审查。

②审单

第一，审单是报关的中心环节，从形式上和内容上对报关单证进行全面的详细审核。

第二，审核内容包括报关单证是否齐全、准确，所报内容是否属实，有关的进港批文和证明是否有效，报关单所填报的货物名称、规格、型号、用途及金额与批准文件所批的是否一致，确定关税的征收与减免，等等。

第三，如果报关单证不符合海关法的有关规定，海关不接受申报。

第四，允许通关时，留存一套报关单据（报关单、运单、发票）作为海关备案。

③征税

第一，征税作为报关的一个重要内容是必不可少的。

第二，根据报关单证所填报的货物名称、用途、规格、型号及构成材料等确定商品的归类编号及相应的税号和税率。

第三，若商品的归类或税率难以确定，海关可先查看实物或实物图片及有关资料后再行确定征税。

第三，若申报的价格过低或未注明价格，海关可以估价征税。

④验放

第一，货物放行的前提是单证提供齐全，税款和有关费用已经全部结清，报关未超过规定期限，实际货物与报关单证所列一致。

第二，放行的标志：正本货运单上或航空货运代理公司经海关认可的分运单上加盖放行章。

第三，放行货物的同时，将报关单据（报关单、运单、发票各份）及核销完的批文和证明全部留存海关。如果报关时已超过了《中华人民共和国海关法》规定的报关期限，必须向海关缴纳滞报金。

第四，验放官员可要求货主开箱，查验货物。此时查货与征税时查货，其目的有所不同，征税关员查看实物主要是为了确定税率，验放关员查验实物是为了确定货物的物理性质、化学性质以及货物的数量、规格、内容是否与报关单证所列完全一致，有无伪报、瞒报、走私等问题。

第五，除海关总署特准免验的货物外，所有货物都在海关查验范围之内。

6. 收费、发货

（1）收费

货运代理公司仓库在发放货物前，一般先将费用收妥。收费内容有以下几个方面。

①到付运费及垫付佣金。

②单证、报关费。

③仓储费（含冷藏、冷冻、危险品、贵重品特殊仓储费）。

④装卸、铲车费。

⑤航空公司到港仓储费。

⑥海关预录入、动植检、卫检报验等代收代付费用。

⑦关税及垫付佣金。

除每次结清提货的货主外，经常性的货主可与航空货运代理公司签订财务付费协议，实施先提货、后付款、按月结账的付费方法。

（2）发货

办完报关、报验等进港手续后，货主应凭盖有海关放行章、动植物报验章、卫生检疫报验章（进港药品须有药品检验合格章）的进港提货单到所属监管仓库付费提货。

仓库发货时，应检验提货单据上各类报关、报验章是否齐全，并登记提货人的单位、姓名、身份证号以确保发货安全。

保管员发货时，应再次检查货物外包装情况，遇有破损、短缺，应向货主做出交代。分批到达货：收回原提货单，出具分批到达提货单，待后续货物到达后，即通知货主再次提取。

航空公司责任的破损、短缺，应由航空公司签发商务记录。货运代理公司责任的破损、短缺，应由代理公司签发商务记录。

遇有货代公司责任的破损事项，应尽可能同货主、商检单位立即在仓库做商品检验，确定货损程度，要避免后面运输中加剧货损的发展。

发货时，应协助货主装车，尤其遇有货物超大超重、件数较多的情况，应指导货主（或提货人）合理安全装车，以提高运输效率，保障运输安全。

7. 送货与转运

出于多种因素（或考虑便利，或考虑节省费用，或考虑运力所限），许多货主或国外发货人要求将进港到达货物由航空货运代理公司报关、垫税、提货后运输到直接收货人手中。航空货运代理公司在代理客户制单、报关、垫税、提货、运输的一揽子服务中，由于工作熟练，衔接紧密，服务到位，因而受到货主的欢迎。

（1）送货上门业务

送货上门业务主要指进港清关后的货物直接运送至货主单位，运输工具一般为汽车。

（2）转运业务

转运业务主要指将进港清关后货物转运至内地的航空货运代理公司，运输方式主要为飞机、汽车、火车、水运、邮政。办理转运业务，需由内地航空货运代理公司协助收回相关费用，同时口岸航空货运代理公司亦应支付一定比例的代理佣金给内地航空货运代理公司。

（3）进港货物转关及监管运输

进港货物转关是指货物入境后不在进境地海关办理进港报关手续，而运往另一设关地点办理进港海关手续，在办理进港报关手续前，货物一直处于海关监管之下，因此转关运输亦称监管运输。

进港货物办理转关运输必须具备下列条件：第一，指运地设有海关机构，或虽未设海关机构，但分管海关同意办理转关运输，即收货人所在地必须设有海关机构，或邻近地区设有分管该地区的海关机构。第二，向海关交验的进境运输单据上列明到达目的地为非首达口岸，需转关运输。第三，运输工具和货物符合海关监管要求，并具有加封条件和装置。《中华人民共和国海关法》规定，转关货物采用汽车运输时，必须使用封闭式的货柜车，由进境地海关加封，指运地海关启封。第四，转关运输的单位必须是经海关核准、认可的航空货运代理公司。一般运输企业，尤其是个体运输者，即使拥有货柜车，也不能办理转关运输。

办理转关运输还应遵守《中华人民共和国海关法》的其他有关规定，如转关货物必须存放在海关同意的仓库、场所，并按海关规定办理收存、交付手续；转关货物未经海关许可，不得开拆、改装、调换、提取、交付；对海关加封的运输工具和货物，应当保持海关封志完整，不能擅自开启，必须负责将进境地海关签发的关封完整及时交指运地海关，并在海关规定的期限内办理进港手续。

转关货物无论采用飞机运输、汽车运输、火车运输，转关申请人（或货运代理）均必须先向指运地海关申请"同意接收××运单项下进港货物转关运输至指运地"的关封。转关货物无论以后采用何种运输方式，无论将货物监管运输至指运地民航监管仓库、航空货运代理公司监管仓库或收货人单位，等货物转关进入指运地海关监管之下，指运地海关应将转关运输货物准单回执联填妥，盖章后，寄还给入境地海关核销。航空货运代理公司再据以核销自己的转关登记簿上的有关项目，以完成整个转关运输程序。

第三节　航空货物不正常运输的种类与处理

不正常运输是指货物在运输过程中由于运输事故或工作差错等造成的不正常情况。凡发生不正常运输情况的航站、承运人必须立即查询，认真调查，及时采取措施，妥善处理，将损失降到最低。

航空货物不正常运输种类繁多，正确有效地处理这些不正常运输，可以有效避免或减轻航空承运人和货主的损失，最大限度地维护航空承运人和货主的利益。常见货物不正常运输的种类和处理方法如下所述。

一、多收货物

多收货物是指卸机站收到未在货邮舱单上登录的货物，或者实际收到的货物件数多于货邮舱单或货运单上显示的件数。

（一）多收货物产生的原因

多收货物大多数情况下是由下列原因造成的。
①装机站将运输计划外的货物混在计划内的货物装上飞机。
②装机站错将其他航站的货物装在航班上造成错运。
③装机站临时加货，但未来得及修改货邮舱单，也未来得及将货运单装入文件业务袋内带往卸机站。
④如果是过站航班，卸机站可能错卸了过站货物，这种情况下货物标签显示的目的站往往与航班的某一个航站相吻合。
⑤上一航班漏卸的货物，混在本航班的货物内卸货时顺便卸下了飞机，这种情况一般是非常小件的货物如文件、零件等，而且货物标签显示的目的站与本航班所有目的站不相吻合。

（二）多收货物的处理

①货物目的站为本航站时发送查询电报，将多收货物的详细情况通知有关航站，索要货运单。
②如果货物标签显示多收货物的目的站不是本航站时，应发送查询电报，将多收货物的详细情况通知货物的始发站、中转站、装机站和目的站，征求处理意见。得到当事航站的处理意见后，按当事航站的意见处理。多数情况下需要将货物继续运输或者退回装机站，具体的处理办法如下：
第一，继续运输。使用货运单传真件或复印件（也可直接在计算机系统提取打印件）或代货运单将货物运至装机站要求运往的航站。

第二，退回装机站。使用货运单复印件或代货运单将货物退回装机站。在货运单复印件或代货运单和货邮舱单上注明不正常运输情况。继续运输或退回装机站的航班/日期确定后，发送电报将运输货物的航班和日期通知装机站和其他有关航站。

③多收既有货物又有货运单但未在货邮舱单上显示的货物，此类货物多为临时加装的急运货物，收到货物的航站只需将货运单号码、货物件数、始发站、目的站等信息登录在货运计算机系统和货邮舱单上，同时通知有关航站即可。

二、多收货运单

多收货运单是指卸机站收到未在货邮舱单上登录的货运单，但未收到货物。

（一）多收货运单产生的原因

多收货运单大多数情况下是由下列原因造成的。

①装机站错运，较常见。装机站将不是本航班运输的货运单夹在本航班运输的货运单中运到了卸机站。这种情况常见于货运单上的目的站与航班目的站一致。如果不一致则是确凿的运单错运。

②卸机站错卸了后面航站的货运单。这种情况多发生在过站航班上，其货运单上的目的站与航班后面的航站一致。

③装机站临时加装的急运货物，因操作时间仓促，未来得及将货物装上飞机，也未来得及在货邮舱单上登记。这种情况下货运单上货物品名多为"急救货物""急救药品"等急运货物。

（二）多收货运单的处理

①多收货运单的航站应尽快向始发站、装机站和其他有关航站发送查询电报。

②如果货运单的目的站不是本航站，应征求装机站和货运单目的站的处理意见，得到答复后按对方意见处理。操作办法如下：第一，在货运单和货邮舱单上注明不正常运输情况。第二，将有关货运单查询的来往电函的复印件随附在货运单后面。第三，确定运出货运单的航班/日期后，发送电报通知有关航站。

三、少收货物

少收货物是指卸机站未收到已在货邮舱单上登录的货物，或者收到货物的件数少于货邮舱单上显示的件数。

（一）少收货物产生的原因

少收货物产生的原因大致可以分为以下几种。

①本航站清点货物件数的时候没有清点清楚，所以发现少收货物的时候，首先必须保证本航站对货物件数的清点准确无误。

②由于种种原因，装机站没有将计划运输的货物全部装上飞机，发生临时拉货但没有或未及通知卸机站。

③如果航班是过站航班，有可能是本航站在卸货时漏卸，导致货物被运到下一站，属于本航站人为差错造成。

④由于始发站收运环节的失误，货物的实际件数与货运单不符，货物的实际件数少于货运单上显示的件数。这种情况一般发生在业务量不是很大且操作流程简单，复核不到位的航站。

⑤本航站漏卸，由于工作疏忽大意、卸机后未按规定清舱或清舱不彻底等原因造成货物被遗漏在飞机货舱内。漏卸的货物多数属于体积较小、重量较轻的货物。这种情况属于人为差错。

（二）少收货物的处理

①确认少收货物，首先在货邮舱单上注明不正常情况。

②立即向装机站、经停站（过站航班）和货物目的站发送查询电报。

③少收货物的航站经过查询，航班到达后 14 日内仍然没有结果，可做如下处理：第一，将少收货物的详细情况汇总上报本航站和装机站、始发站业务管理部门或业务主管领导，征求处理意见，并按意见处理。第二，将已收到的货物和货运单退回装机站处理。除非事先经过装机站同意，这种情况不适合于鲜活易腐、贵重物品、灵柩骨灰、枪械弹药、危险品、活体动物等特种货物。对于特种货物的处理，必须在各个航站之间完全达成一致意见后按意见处理。第三，如果收货人急需，经其同意，按分批货物交付办法将已经收到的货物交付给收货人。这种

处理办法必须尽快通知货物的始发站和装机站，或者先经过他们同意。

④自航班到达之日起满 30 日仍无查询结果，按无法交付货物处理。如果货主提出索赔，可按货物丢失先行赔付，赔付前必须与货主就货物找到后的处理办法达成一致意见并签订书面协议，货物找到后按协议处理。此办法需要与装机站或始发站协商并经他们同意才能实施。

⑤如果少收货物属于贵重物品、枪械弹药、危险品、外交信袋或其他敏感的特种货物，除按上述程序处理外，还应立即向上级报告。

四、少收货运单

少收货运单是指卸机站收到已在货邮舱单上登录的货物，但是没有货运单。

（一）少收货运单产生的原因

少收货运单产生的原因大致有如下几种。

①装机站漏装。按照一般的操作规程分析，货运单是跟随货物一起运输的。由于货邮舱单是根据货运单制作的，既然货运单信息已经登录在货邮舱单上，说明货运单应该与其他同机运输的货运单在一起。卸机站没有收到，说明很大可能是装机站在准备航班的时候不小心把货运单丢失了。

②卸机站在分发核对货运单的时候有疏漏，将货运单分到了不应该去的地方。此种情况下应仔细检查工作场所，在确定没有被错分时才可向装机站查询。

（二）少收货运单的处理

①当确认少收货运单，并且本航站确实没有错分错放问题时，应立即发送查询电报，将情况通知装机站和始发站，索要货运单正本或货运单复印件、电子版等能够代替货运单的文件。

②如果货物的目的站不是本航站时，应征求装机站的处理意见，并按照装机站的要求，将货物继续运输或退回装机站。第一，继续运输。使用始发站或装机站传来的货运单或其复印件将货物运至装机站要求的航站。第二，退回装机站。使用货运单复印件或代运单将货物退回装机站。做如上处理时，应在货运单或其复印件上注明"根据××航站××××××电报（或电话）退货"字样，在出港货邮舱单的备注栏内注明"退货"字样。也可将有关电报随附在货运单或者

货运单复印件上一起运往装机站。确定运出货物的航班/日期后，应发送电报通知有关航站。

五、货物漏装

货物漏装是在航班起飞后，装机站发现应当装机的全部或部分货物未装上飞机，货运单和货邮舱单已随航班带走。

（一）货物漏装产生的原因

①装机站工作疏忽，人为原因造成的应该装上航班的货物被全部或部分遗忘，致使航班空载而飞。

②少量货物漏装的原因一般是临时加货后，只将货运单装上航班，忘记装货。由于临时加货多属于紧急运输的货物，漏装有可能造成货主与航空承运人之间的运输纠纷，将给承运人造成无法预料的声誉和经济损失。

③如果是整个航班的货物全部漏装，且货物较多、重量较大的情况下，将造成航班隐患。由于飞机上装载的货物、行李和邮件的重量直接影响到飞机在滑跑起飞过程中的姿态和相关起飞数据的预先设定，特别是飞机升空后机身的俯仰平衡。当飞行人员按照预定的装载重量设定飞机的平衡指数和尾翼配平度以后，飞机将在这个范围内自动调节飞行姿态。如果应该装上飞机的货物没有装上航班，飞机的飞行姿态将发生难以预料的变化，严重的时候将造成飞机飞行姿态失控，直接影响飞行安全。因此，货物漏装对航班飞行安全危害巨大，不可忽视。

（二）货物漏装的处理

装机站发现货物漏装，应立即采取措施进行补救。

①如果是整个航班的货物全部漏装，装机站应立即通过航班运行控制或指挥部门与机组取得联系，将漏装货物的重量和每一个货舱的空载重量通知机组，尽快修改航班的载重平衡数据，确保航班飞行安全。

②无论是少量货物漏装还是整个航班全部货物漏装，装机站应立即通知货物的卸机站和目的站，说明漏装货物的货运单号码、件数、重量、始发站、目的站、计划补运的航班和日期。

③装机站应在货运计算机系统中修改货邮舱单的相关信息,注明货物漏装及补运情况。

六、货物漏卸

货物漏卸是指卸机站未按照货邮舱单卸下该航站应卸下的货物。

(一)货物漏卸产生的原因

①卸机人员对应在本航站卸机的货物件数和某些注意事项心中无数,盲目操作导致。这种情况很容易发生在过站航班上。

②对终点站是本航站的航班,卸机人员工作马虎,卸机后没有对飞机货舱进行清舱或者清舱做得不彻底,导致个别包装较小的货物,如信函、文件、小件货物,被遗漏在飞机货舱内。当飞机执行下一个航班任务时,被漏卸的货物在后续航班的站点被卸下,导致后续航班的航站多收货物。

③文件核对人员对"自理货物"没有及时发现造成的判断错误。

(二)货物漏卸的处理

①为了避免漏卸货物,接到装机站的航班释放信息后,必须对应在本航站卸下的货物件数、重量和特殊装卸注意事项等信息进行认真整理,并及时通知负责该航班卸机的人员。对经本航站过站的航班尤其应注意这一点。

②对本航站是终点站的航班,业务人员应将到达本航站的货物件数、重量、体积等信息及时通知卸机人员。卸机人员卸机后应清点卸下的货物件数是否正确。

③建立卸机后的清舱制度。航站应建立严格的卸机后清舱制度和清舱程序。对于卸机完毕的飞机货舱,卸机班组应指定人员负责清舱。

④发现漏卸货物,如能确定漏卸的货物还在飞机上,如果飞机还在本航站,应立即安排人员上机查找。如果航班已经离开本航站,则应立即通过电话向下一航站发出查询信息,提出处理意见。

⑤如果无法确定漏卸货物的下落,应立即核对货运单。"自理货物"是指按照货物托运规定办理了托运手续,填开了货运单,但货物由托运人自己携带随航班前往目的站的货物。此类货物多数情况下属于紧急运送的性质特殊的急救货物、保密的尖端物品或资料、材料等。自理货物一般不需要收货人在目的站办理提货

手续。货运单由目的站直接留存备查即可。当然，承运人也不需要对货物的运输安全负责。

⑥如果不是"自理货物"，也不能确定漏卸货物的下落，卸机站应尽快向有关航站发送查询电报。

⑦收到货物的航站应立即通知漏卸航站和装机站，使用代货运单将漏卸货物尽快退运至漏卸航站或直接运至目的站。同时，应在货邮舱单和代货运单上注明货物不正常运输情况。

⑧如果有关航站未发现漏卸的货物，应立即通知发出漏卸货物查询电报的航站。漏卸航站接到有关航站的电报信息后，应立即展开泛查。

⑨为了防止由货物漏卸演变成货物丢失，漏卸货物的查询应做好详细的查询记录。

一旦确认为货物丢失，则应进入货物丢失赔偿程序。

七、多收业务袋

多收业务袋是指卸机站收到非本航站的业务袋。

（一）多收业务袋产生的原因

①上一航班的卸机站没有将属于自己航站的业务袋取回，导致业务袋遗漏在飞机上，又随新航班运到本航站。

②如果航班是在本航站过站的联程航班，可能是本航站将属于下一航站的业务袋拿下飞机。

③装机站将不属于本航站的业务袋错装到航班上，导致本航站多收业务袋。

④装机站将不属于本航班的业务袋误装到本航班上，导致本航站多收业务袋。

（二）多收业务袋的处理

①发现多收业务袋时应立即判明原因，并发送电报通知有关航站。

②安排最早航班将业务袋运至应到目的站，并发送电报将运输的航班、日期通知业务袋的装机站和目的站。

③如果业务袋的装机站要求对业务袋另做处理，应按照装机站意见进行处理。

八、少收业务袋

少收业务袋是指卸机站未收到应该到达本航站的业务袋。

（一）少收业务袋产生的原因

①装机站漏装或错装。

②本航站漏卸。

③过站航班的上一航站将不属于本航站的业务袋卸下。

④接收业务袋的人员在飞机上未找到业务袋。

（二）少收业务袋的处理

①发现少收业务袋时，应立即通知航班的装机站或经停站。

②发现少收业务袋的航站应将已到达的货物妥善保管，并检查其中是否有贵重物品、鲜活易腐货物、危险物品、活体动物等，对有时限的货物应立即电话通知有关航站或收货人，并索要货运单，或通过货运计算机系统提取货运单信息，填制代货运单后交付货物。

③多收业务袋的航站应安排最早的航班将多收业务袋运至少收业务袋的航站，并发送电报将运输的航班/日期通知有关航站。

④航站收到补来的业务袋后立即按照进港工作程序对货物、邮件进行核对和分拨处理。

⑤航站如果收到了业务袋，但是业务袋内只有货运单，没有货邮舱单，应按下面办法处理。

第一，从货运计算机系统中提取货邮舱单或者根据收到的货运单填制代货邮舱单，并据此核对货物。

第二，如果装机站没有安装计算机系统，接到卸机站少收业务袋的信息后，应尽快将货邮舱单或复印件传真或利用后续航班带到卸机站。

第三，卸机站接到装机站补来的货邮舱单后，应及时核对处理货物。

九、货物丢失

货物丢失是指货物在承运人掌管期间部分或全部被盗，或下落不明，经查询满 30 日仍无下落。

下落不明被视为丢失的期限由承运人根据惯例或经验自行确定。认定丢失的货物将进入赔偿程序。

（一）货物丢失产生的原因

除了人为因素发生的货物被盗，货物下落不明主要还有以下几点原因。

①货物被错运到其他航站，而对方没有及时发现或处理。

②货物被混装在其他航班上运往目的站，目的站未及时发现并处理，导致装机站货物下落不明。

（二）货物丢失的处理

①发现货物被盗应立即保护现场，其他无关人员严禁进入现场。同时上报单位值班领导，由值班领导决定并报警。对于包装被破坏并发生不完全被盗的货物，应在值班领导和警方协助下开箱检查，详细记录货物丢失情况，开箱检查的过程及结果应留下影像资料。

②对于下落不明查无结果满 30 日的货物，如果托运人或收货人提出索赔，可以按规定赔偿。赔偿前应与索赔人商定丢失货物找到后的处理办法并签订书面协议，然后按照货物赔偿的程序理赔。已赔偿的丢失货物找到后，应及时与索赔人联系，按双方商定的意见处理。

③发现贵重物品、武器弹药、危险物品、精神药品和麻醉药品、外交信袋等特种货物被盗或下落不明时应立即上报并报警处置。

十、货物破损

货物破损是指货物的外包装损坏、变形或受潮，致使包装内的货物可能或已经遭受损失。

（一）货物破损产生的原因

①货物的外包装不能满足运输过程中正常搬运操作，导致包装开裂或损坏。

②装卸人员在操作过程中的摔、扔、重拿重放等非常规动作导致的货物外包装破损。

③货物存放期间由防护不利导致的雨雪或积水对货物的浸泡、湿损。

（二）货物破损的处理

①发现货物的外包装有轻微破损时，应在修复货物包装后继续发运，如果不能修复，应与托运人联系处理。

②货物的外包装破损严重，无法修复的，应及时与托运人或收货人联系，商定处理办法。

③在中转站发现中转货物破损时，应填制货物不正常运输记录，并在中转舱单上注明破损情况，同时发送电报通知有关航站。货物不正常运输记录的其中一份应随附在货运单后面，修复包装或重新包装货物后，继续运输。

④在目的站发现货物破损时，应填制货物不正常运输记录并通知有关航站。如果交付时收货人对货物包装状态提出异议，应填写货物运输事故记录，详细记录货物破损的真实状态，必要时留下音像资料。运输事故记录是收货人向承运人提出索赔的初始证据之一，由货主和承运人共同签字后生效。

十一、错贴（挂）货物标签

错贴（挂）货物标签是指货物识别标签上的货运单号码、件数、目的站等内容与货运单不符。

（一）错贴（挂）货物标签产生的原因

①人为失误，将不是本件货物的标签贴到了本件货物上，而本件货物的标签却错贴到其他货物上。

②标签制作错误。标签上的货运单号码、货物件数、重量、目的站等信息，有可能由制作标签时的马虎导致信息错误。

（二）错贴（挂）货物标签的处理

①在始发站时，应根据货运单更换货物标签。

②在中转站或目的站时，应核对货运单和货物外包装上的收货人，复查货物重量，如果内容相符，更换货物识别标签，并发送电报通知始发站。如果内容不相符，立即发送电报通知始发站，详细描述货物的包装、外形尺寸、特征等情况，

征求处理意见。

③错贴（挂）货物识别标签的航站收到电报后，应立即查明原因，并答复处理办法。

十二、无标签货物

货物无标签是指货物的外包装上没有识别标签。

（一）无标签货物的产生原因

①货物标签在运输过程中脱落。

②始发站收运货物时没有粘贴或拴挂货物标签。

（二）无标签货物的处理

①如果本航站恰好出现有单无货的情况，应核对货物外包装上的货物标记与货运单的内容是否相符。如果相符，补贴（挂）货物识别标签后，按正常货物继续运输。

②如果货物标记与货运单不相符，应检查随附的有关文件、资料，必要时开箱检查。可以确定的，补贴（挂）货物识别标签，按正常货物运输；仍然不能确定的，在货物外包装上贴（挂）不正常货物标签，将货物存放在指定位置，按无法交付货物进行处理。

③本航站既没有出现有单无货的情况，也没有发现少收货物，发现没有标签的货物的航站应将货物的包装、外形特征等基本情况通知装机站和其他有关航站，并请这些航站协助判明货物的正确信息。根据装机站或其他航站提供的线索，确定货物的运输信息并粘贴或拴挂货物标签。

④对于通过上述渠道仍然不能判明运输信息的无标签货物，航站也可以使用原承运人的航班将货物退回装机站，退回时应使用代货运单并附函说明情况。

第三章　航空市场服务营销

本章为航空市场服务营销，主要包括三个方面的内容，分别是航空市场服务营销理念、航空市场服务营销过程管理、航空市场服务营销人员素质与意识。

第一节　航空市场服务营销理念

一、航空市场服务营销相关概念

（一）服务营销

1.服务营销定义

随着经济全球化的发展，市场营销竞争愈演愈烈，由于科学技术的广泛运用，信息传递的速度越来越快，企业的产品及质量趋于同质化，产品之间的差异越来越不明显。企业开始在市场中寻找新的竞争优势，由于消费者不再满足基本的吃住行消费，而渐渐追求消费中的满意度或是更多的价值回报，于是很多企业把目光集中到提供给消费者优质的服务上，由此，服务营销作为一种新的营销策略应运而生，社会开始进入服务经济时代。

作为服务市场营销学基石的"服务"概念，营销学者一般是从区别于有形的实物产品的角度来进行研究和界定的。如菲利普·科特勒把服务定义为一方提供给另一方的不可感知且不导致任何所有权转移的活动或利益。又如，美国市场营销学会将服务定义主要为不可感知，却使欲望获得满足的活动，而这种活动并不需要与其他的产品或服务的出售联系在一起。生产服务时可能会或不会利用实物，而且即使需要借助某些实物协助生产服务，这些实物的所有权将不涉及转移的问题。在综合各种不同服务定义和分析"服务"的真正本质的基础上，我们认为，服务是一种涉及某些无形因素的活动、过程和结果，它包括与消费者或他们拥有的财产间的互动过程和结果，并且不会造成所有权的转移。在我们的定义中，服务不仅是一种活动，还是一个过程，也是某种结果。例如，个人计算机的维修服务，它既包括维修人员检查和修理计算机的活动和过程，又包括这一活动和过程的结果，即消费者得到完全或部分恢复正常的计算机。

现实经济生活中的服务可以分为两大类：一种是服务产品，产品为消费者创造和提供的核心利益主要来自无形的服务；另一种是功能服务，产品的核心利益主要来自形成的成分，无形的服务只是满足消费者的非主要需求。贝瑞和普拉苏拉曼认为，在产品的核心利益来源中，有形的成分比无形的成分要多，那么这个产品就可以看作一种"商品"（指有形产品）；如果无形的成分比有形的成分要多，那么这个产品就可以看作一种"服务"。

与服务的这种区分相一致，服务营销的研究也相应形成了两大领域，即服务产品的营销和消费者服务营销。服务产品营销的本质是研究如何促进作为产品的服务的交换；消费者服务营销的本质则是研究如何利用服务作为一种营销工具促进有形产品的交换。但是，无论是服务产品营销，还是消费者服务营销，其核心理念都是消费者满意和消费者忠诚，通过取得消费者的满意和忠诚来促进相互利益的交换，最终实现营销绩效的改进和企业的长期成长。

服务营销是指以营销为辅导工具的方式来满足顾客需求，超越顾客消费期望值，在提高顾客满意度的情况下，刺激顾客重复消费，并形成口碑传播的一系列营销活动。服务作为一种营销组合要素，真正引起人们重视的时间是20世纪80年代后期，这一时期，由于科学技术的进步和社会生产力的显著提高，产业升级和生产的专业化发展日益加速。这主要导致两方面结果：一方面，产品的服务含量，即产品的服务密集度日益增大；另一方面，随着劳动生产率的提高，市场转向买方市场，消费者随着收入水平提高，他们的消费需求也逐渐发生变化，需求层次也相应提高，并向多样化方向拓展。

2. 服务营销特点

（1）供求分散性

服务营销活动中，服务产品的供求具有分散性。供方覆盖了第三产业的各个部门和行业，企业提供的服务也广泛分散，而需方更是涉及各类企业、社会团体和千家万户不同类型的消费者。服务企业一般占地小、资金少、经营灵活，往往分散在社会的各个角落；即使是大型的机械服务公司，也只能在有机械损坏或发生故障的地方提供服务。服务供求的分散性，要求服务网点要广泛而分散，尽可能地接近消费者。

（2）营销方式单一性

有形产品的营销方式有经销、代理和直销等多种营销方式。有形产品在市场可以多次转手，经批发、零售多个环节才使产品到达消费者手中。服务营销则由于生产与消费的统一性，决定了其只能采取直销方式，中间商的介入是不可能的，储存待售也不可能。

服务营销方式的单一性、直接性，在一定程度上限制了服务市场规模的扩大，也限制了服务业在许多市场上出售自己的服务产品，这给服务产品的推销带来了困难。

（3）营销对象复杂多变

服务市场的购买者是多元的、广泛的、复杂的。购买服务的消费者的购买动机和目的各异，某一服务产品的购买者可能牵涉社会各行各业各种不同类型的家庭和不同身份的个人，即使购买同一服务产品也是有的用于生活消费，而有的却用于生产消费，如信息咨询、邮电通信等。

（4）服务消费者需求弹性大

人们的基本物质需求是一种原发性需求，这类需求人们易产生共性，而人们对精神文化消费的需求属继发性需求，需求者会因各自所处的社会环境和各自具备的条件不同而形成较大的需求弹性。同时，对服务的需求与对有形产品的需求在一定组织及总金额支出中相互牵制，也是形成需求弹性大的原因之一。

同时，服务需求受外界条件影响大，如季节的变化、气候的变化、科技发展的日新月异等都会对信息服务、环保服务、旅游服务、航运服务的需求造成重大影响。需求的弹性是服务业经营者最棘手的问题。

（5）服务人员技术、技能、技艺要求高

服务人员的技术、技能、技艺直接关系着服务质量。消费者对各种服务产品的质量要求也就是对服务人员的技术、技能、技艺的要求。服务人员的服务质量不可能有唯一的、统一的衡量标准，而只能有相对的标准和凭购买者的感觉体会。

（二）航空服务营销

航空服务营销是指航空公司通过各种渠道和手段，为客户提供优质、高效的服务，并通过市场推广和营销活动，吸引更多的客户选择和信任该航空公司的产品和服务。航空服务营销的目标是提高航空公司的市场占有率、竞争力和盈利能力，同时提升客户的满意度和忠诚度。

航空服务营销是一个复杂且多维度的领域，涉及定价策略、沟通与促销策略、人员策略、过程策略和展示策略等多个方面。在现代竞争激烈的航空市场中，航空公司需要通过创新的营销手段来提升品牌影响力和客户忠诚度。

航空服务营销是航空公司通过一系列策略和手段，以满足客户需求、提升品牌价值和实现市场竞争力为目标的活动。在当前的航空市场中，航空公司需要综合运用多种营销策略来应对日益激烈的竞争环境。

（三）航空市场服务营销

经济全球化带来全球航空市场的扩大，服务经济的出现带来了服务理念的更新，航空市场服务营销的理念就是在这种经济形势下孕育而生的。

1. 航空市场服务营销的概念

航空市场服务营销是指航空公司或民航企业把市场需求作为基础，以服务理念为灵魂，运用服务营销手段来满足旅客的心理需求，建立新型的客户关系，以服务好今天的旅客、创造明天的市场为目的的一种营销活动。需要指出的是，这里的市场需求就是旅客的需求，旅客的心理需求对航空市场服务营销有着举足轻重的地位，它是服务营销极为重要的组成部分。

当我们把航空市场需求理解为旅客的需求时，旅客心理需求成为航空市场服务营销的出发点。我们之所以把旅客心理需求作为服务营销的出发点，是因为旅客的一切心理活动与行为都是由心理需求引起的，它是心理活动与行为的起点与原始动力。另外，服务营销把旅客心理需求作为自己一切工作的出发点。要把旅客心理需求作为服务营销的出发点，先要知道什么是心理需要。所谓心理需要是指人体和社会生活中所必需的事物在人们头脑中的反映，是人们产生行为的原始动力，是人与人之间共同一致的带有普遍意义的激起心理活动的动力。心理学的研究表明，人类的一切心理活动以及行为都是由心理需求引起的。也就是说，人类的心理需求对人的心理活动与行为都有着极其重要的作用，这一作用表现在三个方面：其一，心理需求对人的情绪影响极大，心理需求满足与否对人们的情绪体验、情绪的波动有直接的相关性。旅客情绪的波动也是如此，在服务过程中，旅客的心理需求是否得到满足，情绪上表现出的高兴与不高兴、紧张或松弛等都与心理需求满足程度有直接的相关性。其二，心理需求是人们心理活动与行为的原始动力。人的需求产生以后便会出现心理紧张（不是害怕），随之而来的欲望与动机便会逐渐形成，欲望与动机形成之后目标便明确，目标的明确成为采取行为的前奏。心理需求就这样一步一步地推动心理活动与行为的发展。旅客的心理活动也是如此。旅客有了乘机欲望或需求时，必然会产生购买我们产品的意向，然后才会采取行为，对航空公司、机型、航空时刻、服务等方面进行选择。其三，心理需求满足与否直接影响人们的行为。人们认识到自己有需求时，必然会采取行动来满足自己的心理需求。一般来讲，采取行动以后有两个结果，一个满足了心理需求，另一个没有满足。如果心理需求得到满足，就意味着这一需求的结束，如果未能满足，旅客将会加大行为的力度，想方设法来满足心理需求，直到满足为止。由此可见，无论是旅客心理需求的产生，还是心理需求是否得到满足，都对服务营销有着非同一般的意义。这就要求我们，无论在产品的设计与服务的流程中，还是服务过程中都必须围绕旅客的需求，把旅客的需求作为服务营销一切工作的出发点。

毋庸置疑，航空产品的核心必须是能够满足旅客的需求，从严格的意义上讲，这里的"满足"应该是"确保"。作为旅客来讲，只有当他认为航空产品能够确保满足自己某种需求和欲望时，他才愿意花钱来乘坐我们的飞机。否则，他绝不会购买我们的产品。从民航企业角度看，无论提供什么样的服务产品，产品必须能够满足旅客的需求，否则，产品没有任何意义。国外一些航空公司非常注重自己的产品是否能够满足客户的需求，并把满足客户需求作为产品的核心。例如，德国汉莎航空公司一直想在航班上为中国旅客提供合口的"中国菜"，但推出以后却没有受到中国旅客的欢迎。后来德国汉莎航空公司通过调查发现，原来欧洲的中国餐厅为了照顾欧洲人的胃口，对菜式做了调整，再加上有些特殊的调料在国外不容易买到，因此，欧洲的中国餐馆做出来的菜味道已经变了。现在把"欧洲口味"的中餐搬到客舱来，显然不适合中国旅客的口味。于是，德国汉莎航空公司特地从上海一家著名的餐厅聘请厨师担任顾问，为旅客烹调正宗的中国菜，经过调整后的"中国菜"得到了中国旅客的普遍赞扬。德国汉莎航空公司并不以此为满足，又进一步与广州白云国际机场合作，建立了中国最大的航空配餐提供基地，为中国旅客提供可口的"中国菜"。可见，德国汉莎航空公司对自己产品的核心认识非常清晰，它的成功经验告诉我们，无论航空公司提供什么样的产品，产品必须符合旅客的需求。

我们除了把旅客的心理需求作为服务营销的出发点，还需要把它当作服务营销的基础，即把服务营销的工作建立在满足旅客的心理需求上。一方面，旅客的心理需求与欲望是服务营销的立足之地，生存之本。我们之所以这样说有三个方面的理由。第一，旅客的欲望与需求为服务营销指引了方向，即服务什么；第二，我们的服务要做在旅客未开口之前，而要做到这一点的前提是了解与掌握旅客的心理需求与欲望，旅客的心理需求无疑成为服务营销的前提与基础；第三，明确服务的真正含义，服务就是要满足旅客的欲望与需求，旅客只有得到满足才会满意，才有真正意义上的服务，否则不是服务。另一方面，人的心理需求一旦没有得到满足，往往就会采取加大行为力度的方式来获得满足。在服务过程中，如果旅客的心理需求得不到满足，他们一般会采取两种行为：一是加大行为力度想方设法来满足心理需求；二是不再购买我们的产品，转向竞争对手。无论旅客采取哪种行为，对我们都不利。因此，我们在服务过程中应该把服务营销的一切工作都建立在满足旅客心理需求的基础上，只有这样才能避免不利的后果。通过上面的分析，我们可以清楚地看到，服务营销离不开旅客的需求，旅客的需求在服务营销过程中起着举足轻重的作用。简言之，旅客的需求是航空市场服务营销的纲，纲举目张。它不仅是理解航空市场服务营销概念的关键，也是企业在激烈的市场竞争中战胜竞争对手的关键。

我们强调市场需求对民航企业服务营销的重要性时，要求航空公司按照市场需求来组织生产，在不同的航线投入不同机型和不同数量的航班来满足市场需求，但绝不是将市场需求绝对化。企业一定要坚持自身特点，不能一味地机械地跟随市场需求走，甚至不顾及自身的能力去迎合市场需求，其结果一定失败的。事实上，没有一个企业能够满足市场上所有的需求，总有一些需求是自己无法满足的，或者没有能力满足的。因此，我们不能将市场需求绝对化。万事万物都是处于运动之中，航空市场需求也是如此。只要有市场需求就必然有市场机遇的存在，市场需求一定是处于运动变化之中。因此，我们强调市场需求运动变化的重要性，更强调民航企业的领导者应该具有开拓的思维与超前的意识，去发现、去挖掘航空市场中潜在的市场需求，用自己的新产品来引导市场需求。综上所述，我们必须辩证地看待市场需求，既要重视市场需求，又不能片面地孤立地绝对地看待市场需求，只有这样才能使自己在激烈的市场竞争中立于不败之地。

2.航空市场服务营销的误区

我们在阐述经济全球化与全球市场对我国航空市场造成冲击的同时，也要回过头来看看民航企业自身的经营状况。当前，民航企业无论在经营理念还是操作手段上均与世界先进的航空公司有一定的差距。造成这一状况的原因，一方面是我国航空市场先天不足，市场机制不完善；另一方面，民航企业自身对市场营销认识不深，更谈不上对服务营销的认识，尤其是航空公司的经营，缺乏科学理论对实践的指导。基于此，我国航空市场在服务营销方面存在一定的误区。这一误区主要表现在以下四个方面。

（1）生产观念、产品观念与服务营销观念的混淆

当我们站在服务营销的高度审视这一问题时就会发现：在市场经营中，生产观念、产品观念与服务营销观念是有很大区别的。所谓生产观念是指假设消费者会接受任何他能买到并能买得起的产品，生产者只需要生产就可以。也就是说，当市场中某一产品处于需求大于供给的状况下，企业只需要努力增加产品即可。可见，生产观念只能在生产力水平低下、经济短缺的情况下才能存在。

由于经济的飞速发展，短缺经济条件下的航空市场已经一去不复返。但令人遗憾的是，这种观念根深蒂固，有时还颇为盛行，时常干扰人们的视线，误导人们的行为。它在航空市场上集中表现为，企业不是以市场需求为前提，而是从主观想象出发，盲目开辟航线、增加航班，似乎航线越多，航班密度越大，市场占有份额也就越大，公司就越有效益。有的航空公司甚至用增加航线和航班密度作为竞争手段来压倒对方，实际上这种做法不仅是徒劳的，而且有着极大的危害性，由于过度关注扩大生产，忽视了产品质量，忽视了市场需求的变化，使企业走入盲目生产的危险地带。

产品观念虽然比生产观念有所进步，但本质上还是生产观念的另一种表现形

式。如果说生产观念强调的是"以量取胜"的话,那么产品观念则是强调"以质取胜",它还是生产观念的延续,停留在生产什么销售什么的阶段。有所不同的是,它认为消费者注重的是产品的质量,即注重产品的功能、质量、特色等,坚信消费者愿意多花钱买优质产品。因此,产品观念强调公司应该不遗余力地改进产品的质量,认为只要产品质量好就不怕没人要,奉行"酒香不怕巷子深"的观念。

产品观念在实践中的弊端表现得十分明显。其一,它忽视了市场需求,不恰当地把营销注意力放到产品的质量上,患上了"营销近视症",这种观念在航空市场经营中表现为热衷于自己的产品,或迷恋着自己的产品。其二,它忽视了市场需求的运动变化与替代产品的存在。由于产品观念一味地注重自己的产品,总认为飞机是最好的运输工具,可以永远吸引旅客,但实际情况却是,旅客外出时会根据自己的经济能力和不同的需求来选择火车、汽车或轮船等其他工具。它看不到高速公路的大规模兴建,汽车运输低廉的价格以及招手即停的方便,使一部分原来可乘飞机也可不乘飞机的旅客选择了汽车或者其他替代品。例如,从上海驾车沿高速公路到南京,全程只要3~4小时。再加上铁路的提速,又引进了民航式的服务,并以车厢的舒适与宽敞的活动范围为优势,瓜分了原属于民航短途市场的旅客,使得一些航空公司不得不取消短途航班。由此可见,产品观念也是一种较为陈旧的经营观念,它的危害性表现为重视产品质量,但忽视市场需求,忽视替代产品的存在,市场营销活动自然也不可能成功。

综上所述,无论是生产观念还是产品观念,本质上没有多大区别,都是在短缺经济条件下陈旧的经营观念。

(2)推销活动与航空市场服务营销活动的混淆

在一般人的眼中,推销活动与服务营销活动并无多大区别,故人们常常把两者混为一谈,把服务营销活动等同于推销活动。其实不然,推销活动与服务营销活动两者有着本质的区别。

其一,双方的出发点不同。推销活动注重的是自身利益,并以此作为前提。它认为,旅客不会主动来购买本公司的座位或舱位,只有用大量的推销活动或低价位的促销活动才能吸引旅客。航空市场服务营销活动则不同,它注重的是旅客的需求并以此为前提,即不是我有什么就给旅客提供什么,而是旅客需要什么我就提供什么。

其二，双方的实施手段不同。推销活动主要通过各种促销或低价格等手段来实现或增加利润。航空市场服务营销活动主要通过整体营销活动，用优质的服务使旅客感到满意，以此来实现或增加企业的利润。

其三，双方的宗旨不同。推销活动的宗旨就是如何用最有效的推销手段把本公司的舱位、座位卖掉，使自己的产品变成现金，这是推销的主要目的。航空市场服务营销活动则不同，它以如何满足旅客需要为宗旨，即考虑通过何种最佳手段、方法最大限度地满足旅客的需求，以达到营销的目的。

其四，双方的结果不同。由于推销活动的出发点是自身，实施手段是促销，宗旨是推销，所以无论从哪个角度讲，其结果只能短暂地拉住旅客，而不能永久地占领市场。航空市场服务营销活动则不同，它从旅客的需求出发，把满足旅客需求作为自己工作的宗旨，用优质服务来满足旅客的需求。当旅客的需求得到了满足，下次才有可能再乘坐我们的航班。这样不仅留住了旅客，而且创造了未来的市场，因而能长久地占领市场。

综上所述，我们强调在市场经营活动中切不可将推销活动与服务营销活动混为一谈。这绝不是单纯地从观念上讲要将其区别，而是强调在实际经营中必须区别开，如果不加区别就会有相当大的危害性。无数事实证明，单纯的推销活动很容易误导公司的经营方向，使其经营活动走进死胡同。

（3）企业的整体行为与部门行为的混淆

在市场经营活动中，航空市场服务营销活动到底是属于部门行为还是企业或公司的整体行为，有时人们认识不清，常常把航空市场服务营销活动看作部门行为，即认为航空市场服务营销是公司市场处（市场部）的事，或者认为是客运部门、货运部门的事，其他部门与航空市场服务营销关系不大。这实际上是一种误解，航空市场服务营销活动无论从营销目的来讲，还是从保证旅客的利益来讲，它都需要靠企业整体行为来完成。

从营销目的来看，航空市场服务营销活动的最终目的是服务好今天的旅客，创造明天的市场。而实现这一目的的前提是满足旅客的需求，它需要企业各部门相互之间共同配合、齐心协力，只有这样才能达成或完成这一任务。从保证旅客利益的角度来看，旅客的需求等于旅客的利益。旅客在整个乘机过程中，不同的阶段有不同的需求，这些不同的需求单靠售票处、值机处等一两个部门不可能完成，它需要公司的地面服务部门、空中服务部门的共同努力才能真正满足旅客的需求。

因此，无论从营销的目的上讲，还是从保证旅客的利益上讲，航空市场服务营销活动都是企业的整体行为。

但在实际经营活动中我们往往忽视这一点，不少航空公司或民航企业都把航空市场服务营销看作市场处的事，或客运部、货运部的事，似乎这些部门就是专门搞市场营销的，只要销售不好、客座率低就是市场部的问题。更为可怕的是，这种现象在航空市场服务营销活动中几乎成为大家的共识，这不能不说是一件十分遗憾的事。无论从哪个角度看，它混淆了部门行为与企业整体行为之间的区别，其危害性极大，会把航空市场服务营销活动引入歧途，这不仅会使部门行为成为无效劳动，达不到航空市场服务营销的目的，而且还会导致整个航空市场服务营销活动的失败，使企业把自己的市场份额拱手相让给竞争对手。也许有人认为这有点言过其实，但事实却告诉我们就是如此。如果说航空市场服务营销仅仅是市场处（部）的事，那么就算市场处（部）在销售上使出浑身解数，利用各种优惠政策把旅客拉过来，但旅客一到值机柜台就受气，上飞机就不满意，那么，前面百般的努力、高超的销售手段到这里也将全部化为乌有。试想，对服务不满意的旅客还会购买我们的产品吗？一旦失去了这部分市场，要想再重新占有恐怕就不是那么容易了。因此我们强调，服务营销是企业的整体行为，它要求企业内的每一个部门都必须围绕如何满足旅客需求这个中心，采取统一的行为，形成企业整体的步调，这样才能真正达到市场服务营销的目的。

另外，从企业经营管理的角度看，企业的整体行为与部门的行为还是有质的区别的。这一区别表现在以下几方面。其一，从其行为性质上看，一个是局部性的，一个是整体的。部门行为带有明显的局部性，而企业整体行为必定带有全局性的特点。其二，从行为的目的性上讲，部门行为是从自身性质或自身利益出发，故其行为目的带有一定的局限性和功利性的色彩。比如，在服务过程中发生事情与矛盾时，部门之间可能为了各自的利益相互扯皮、推诿。但企业则不同，它无法推诿，企业的根本利益决定了营销的最终目的——满足旅客的需求，因此，它不求某一部门的得失，而是强调通过企业的整体行为来满足旅客的需求。

由此可见，部门行为与企业的整体行为无论从其行为性质上、行为目的性上都有着本质的区别。

（4）促销手段与服务营销手段的混淆

在激烈的市场竞争中，国内一些航空公司为了出售自己的产品，无论在国际、国内客运还是货运上，把大量的人力、物力投入起草各种促销文件之中，各种促销手段可谓是五花八门，令人眼花缭乱。从根本上看，这些促销手段和文件多半是利用低票价来吸引旅客。诚然，低票价能吸引一部分旅客，但低票价的负面效果往往被人们所忽视。为此，我们强调，在使用降价手段的时候，有三大因素必须考虑。一是在生产成本已定的情况下，降价意味着利润的减少，而企业不能没有利润，利润是企业生存的基本条件与发展的基础。因此需要考虑：企业能否承担这些利润的损失？二是利用低价位来占领市场，其幅度是极其有限的。任何一个企业都不可能无限制地降价，它总有一个边际成本的极限。因此需要考虑：企业能否一直以边际成本为极限出售产品？三是如果企业为了一时竞争采用低于成本价的销售策略，那么竞争对手也采取降价，企业怎么办？因此需要考虑：企业无法长期忍受低于成本价格销售，没有利润企业将无法生存。可见，上述三大问题是企业在利用价格促销手段时必须考虑的。

从市场角度看，一直利用低价位来促销是极其有害的，它会引起价格大战，而大战的结果必然是两败俱伤。最关键的是，价格大战最终解决不了问题，"你低我也低"，在同样的价格面前，旅客最终还是要根据各家航空公司服务的好坏来做出自己的选择。可见，要想避免票价大战的结果，就必须注重服务，要把服务融化在各种促销活动中，用服务来促销。诸如，主动热情地为旅客服务，帮助他们解答各种问题与困难等，使他们感到我们的服务是真心诚意的。

综上所述，在激烈的市场竞争中，我们应该将那些形形色色貌似服务营销的活动与真正的服务营销活动区分开来，抓住服务营销的实质，正确掌握旅客的需求，运用一切手段与方法来满足旅客的需求，最终达到占领市场的目的。

二、航空市场服务营销理论的意义

由于知识对经济的渗透与服务经济的出现，航空市场的性质已经发生翻天覆地的变化。在这种形势下，无论是市场竞争，还是企业自身发展，都不能没有理论来指导,因此,航空市场服务营销理论对航空公司进行航空市场服务营销活动有着重要的意义。

(一)是航空公司经营的指南

事实上,有市场必然有竞争,有竞争必定有营销。尤其是知识经济时代中的航空市场,竞争已经从短兵相接的阶段走向集团化的竞争,市场竞争更加激烈,更加残酷。航空公司要在市场竞争中立于不败之地,毫无疑问需要航空市场服务营销理论来指导,主要表现在以下两个方面。

一方面,由于经济全球化浪潮的冲击,市场的竞争方式发生了革命性的变化,迫使航空公司用新的理念来指导实践,这已经成为航空公司的当务之急。从航空市场服务营销理论产生的过程来看,它本身就是在知识经济条件下产生的,具有这个时代的特征。因此,它要求航空公司在进行市场运作时,首先要改变观念,要用新的理念来指导自己的实践,即把自己放在知识经济的环境下,站在全球化市场的高度来认识航空市场,充分利用知识与信息来开拓市场。另外,应该明确在市场竞争走向知识竞争的今天,知识落差越大,航空市场服务营销失败的可能性也就越大。因此,航空公司必须与时俱进,跟上时代的步伐,不断地用新的理念来指导实践,使自己在市场竞争中立于不败之地。

另一方面,从航空市场服务营销理论本身来讲,它揭示了航空市场一些内在的规律,具有指导意义。无论是从航空市场服务营销理论产生的过程,还是从市场分析到分析市场,无论是从服务营销过程的管理到价格的制定,还是从收益管理到营销人员的素质等,都系统地分析了航空公司的营销活动所必备的一些新理念,它对企业进行航空市场服务营销活动具有重要的指导意义。尤其是它强调以市场需求为出发点,用优质服务来满足旅客(客户)需求,为航空公司、机场在知识经济条件下进行航空市场服务营销指引了正确方向,使航空公司在航空市场服务营销活动中牢牢抓住市场需求这个核心,以顺利占领市场。

(二)是航空公司市场竞争的有力武器

在经济全球化的背景下,市场竞争演变为知识竞争。服务经济出现后,市场竞争又融合了服务竞争,知识竞争与服务竞争交织在一起成为当今航空市场竞争的主要特征。航空运输业本身就是服务性行业,在这一背景下企业用什么方式竞争,成为摆在我们面前的问题。航空市场服务营销理论为航空公司解决了这个问题。其一,"服务"是战胜竞争对手最有力的武器。在航空市场中,企业的竞争是服务的竞争,服务等于效益,服务等于企业的生存,优质服务是企业竞争最有力的手段,是战胜竞争对手最有力的武器。其二,市场的竞争实际上是对客户的争夺,客户是市场的主体。它强调航空公司应该"以客户为中心",一切为客户,用优质服务留住客户,挖掘客户的终身价值。

通过上面的分析,我们可以看到,在经济全球化的背景下,航空市场服务营销理论无论是对民航企业的实践,还是对市场竞争都具有现实的指导意义。

三、航空市场服务营销核心理念

在航空市场服务营销核心理念的构建过程中,我们需深刻把握行业特性,融合客户导向、价值创新、品牌塑造、数字化转型与可持续发展五大核心要素,以打造卓越的服务体验,提高市场竞争力,并引领未来航空旅行的新风尚。

(一)客户导向:核心中的核心

航空市场服务营销的首要原则是客户至上。航空公司的服务营销策略必须始终围绕客户需求展开。这包括了解和满足客户的基本需求和高端需求,确保客户满意度,并通过提供高质量的服务来增强客户的忠诚度。这要求我们深入了解并预测客户的多元化需求,包括但不限于舒适度、便捷性、个性化服务及安全保障,通过数据分析与市场调研,精准定位目标客户群体,提供定制化服务方案,确保每位客户的旅程都能超越期待,实现从购票到抵达的全流程无忧体验。首先,从商业企业的经营观念来看,"客户至上"是把为客户服务摆在第一位的思想,即树立以消费者为中心的观念,满足客户的需求和期望。这种理念要求企业不能拒绝客户的任何正当、合理的要求,并且要尽最大努力去实现这些要求。其次,在航空市场的具体实践中,坚持客户至上的原则同样至关重要。研究表明,创造和维持客户忠诚对企业至关重要,因为获得新客户的成本远高于维护老客户的成本。因此,航空公司需要不断改进服务质量,提高客户的满意度和忠诚度,从而实现可持续发展。最后,从全球范围内的航空市场发展与挑战来看,高质量的服务是任何成功服务行业的基石。运营效率虽然有助于降低成本,但客户满意度是长期市场领导力和盈利能力的关键。因此，航空公司必须重视并持续优化客户体验，以确保在激烈的市场竞争中保持优势。综上所述，航空市场服务营销的首要原则是客户至上，这不仅是一种经营观念，更是企业在竞争激烈的市场环境中生存和发展的关键。例如，新加坡航空公司一直致力于提升客户满意度，通过培养团队合作意识和跨部门协作来实现这一目标。员工之间的合作默契是提升客户满意度的关键，航空公司应鼓励交流与协作，并激励跨部门合作，共同为客户提供更好的服务。美国西南航空公司在全美航空公司中以其成功的定位战略取得了巨大成就，这主要得益于其能够将低成本定位的战略加以合理实施，并且有效地将这一信息传递给消费者，得到了消费者的认同，这种成功的市场定位策略不仅提升了客户满意度，还增强了公司的竞争力。厦门航空有限公司采取了多种措施来提升客户满意度，包括提高航空服务人员素质、形成连贯的"航空服务链"、注重与客户及时有效沟通以及实施基于客户关系管理（CRM）系统的常客户计划，这些策略能够有效评价航空公司的客户满意状况，并辅助相应改进策略的制定。

（二）价值创新：差异化竞争的基石

在高度竞争的航空市场中，价值创新是航空公司脱颖而出的关键。航空公司应不断探索新技术、新服务模式的应用，如智能客舱设计、无缝中转服务、机上娱乐内容创新等，以提升服务品质，创造独特的顾客价值。同时，航空公司还应优化成本结构，提升运营效率，确保在提供高价值服务的同时，保持竞争力的价格策略。

（三）品牌塑造：塑造独特航空文化

品牌是销售者向购买者长期提供的一组特定的特点、利益和服务。品牌是给拥有者带来溢价、产生增值的一种无形的资产，它的载体是用于和其他竞争者的产品或劳务相区分的名称、术语、象征、记号或者设计及其组合，增值的源泉来自消费者心智中形成的关于其载体的印象。品牌是航空公司与旅客建立情感连接的重要桥梁。航空公司通过清晰的品牌定位、一致的品牌形象传播以及正面的品牌故事讲述，构建起了具有辨识度的航空旅行品牌。在构建与塑造航空旅行品牌的过程中，我们需秉持着创新、安全、服务卓越及客户至上的核心价值理念，致力于打造一个全球范围内备受尊敬与信赖的航空旅行品牌。以下是从几个关键维度出发形成的专业性策略构想：一是品牌定位与核心价值。明确航空公司的品牌定位，是高端奢华、商务便捷还是家庭友好型服务，这直接关系到品牌形象的设计与传播。确立"安全飞行，尊享旅程"为核心价值，强调在保障每一位乘客安全的同时，提供超越期待的旅行体验。此外，持续传递品牌的定位与核心价值，加深市场与消费者对品牌的认知与好感。二是安全管理体系。安全是航空公司的生命线。构建全面、严格的安全管理体系，包括但不限于飞机维护、机组培训、紧急应对措施及空中交通管理等方面。定期接受国际安全审计，公开透明地展示安全记录，增强乘客与合作伙伴的信任感。同时，利用先进科技如大数据分析、人工智能辅助决策等，进一步提升安全管理水平。三是服务创新与个性化体验。在服务方面，不断探索创新，提供个性化、定制化的旅行服务。从在线预订、自助值机到机舱内的餐饮娱乐选择，乃至抵达目的地的无缝接驳服务，每一个环节都力求满足不同乘客的特定需求。利用数字化技术，如虚拟现实预览舱位、智能客舱服务等，提升乘客的参与感与满意度。四是品牌传播与营销。构建多渠道、全方位的品牌传播体系，包括社交媒体、传统媒体、合作伙伴渠道及线下活动等。利用高质量的内容营销，讲述品牌故事，展现企业文化与价值观。利用大数据分析，精准定位目标客户群体，实施个性化营销策略。同时，积极参与国际航空展会、旅游论坛等活动，提升品牌的国际影响力。五是客户关系管理。建立强大的客户关系管理系统，收集并分析乘客反馈，不断优化服务流程与产品。利用会员制度、忠诚度计划等方式，增强客户黏性，促进复购。同时，注重处理客户投诉与建议，及时响应，展现品牌的专业与诚意。综上所述，航空公司品牌的塑造是一个系统工程，必须从品牌定位、安全管理、服务创新、绿色可持续发展、品牌传播及客户关系管理等多个维度综合施策，方能打造出具有全球竞争力的航空旅行品牌。

（四）数字化转型：引领服务升级

数字化转型是航空市场服务营销不可逆转的趋势。在当今全球航空运输业日益激烈的竞争格局下，数字化转型已成为推动航空市场服务营销创新与升级不可逆转的潮流。这一趋势不仅深刻重塑了航空公司的运营模式，更极大地拓宽了服务营销的边界与深度，为客户体验带来了前所未有的变革。随着科技的飞速发展，消费者对便捷性、个性化及高效服务的需求日益增长。数字化转型使航空公司能够精准捕捉并分析客户需求，提供定制化服务方案，从而在激烈的市场竞争中脱颖而出。通过引入大数据、云计算、人工智能等先进技术，航空公司能够优化航班调度、维护管理、客户服务等各个环节，显著降低运营成本，提高运营效率和服务质量。数字化转型促使航空公司构建全渠道、无缝衔接的客户服务体系，实现从购票、值机、安检到登机、飞行过程及抵达后的全程数字化体验，极大地提升了客户满意度和忠诚度。利用大数据和人工智能（Artificial Intelligence，AI）算法分析客户行为偏好，航空公司能够实施精准营销策略，如个性化推荐机票、增值服务及目的地活动，增强客户的参与感和归属感。航空公司部署智能客服系统，如聊天机器人、语音助手等，24小时不间断地为客户提供咨询、投诉解决及个性化服务，有效缓解了人工客服压力，提升了服务响应速度和质量。航空公司通过收集和分析海量数据，能够更准确地预测市场趋势、评估营销效果、优化资源配置，为战略决策提供科学依据。综上所述，数字化转型是航空市场服务营销不可逆转的趋势，它不仅是应对市场挑战、提升竞争力的必然选择，更是推动行业创新、实现可持续发展的关键驱动力。未来，随着技术的不断进步和应用场景的持续拓展，航空运输业的数字化转型将迈入更深层次，为旅客带来更加智能、便捷、个性化的旅行体验。

（五）可持续发展：面向未来的责任担当

在追求经济效益的同时，航空公司还需积极履行社会责任，推动可持续发展。这包括采用环保型飞机、优化航线设计以减少碳排放、推广电子客票减少纸张浪费、支持绿色航空燃料研发等。同时，航空公司还可以加强与政府、国际组织及社会各界的合作，共同推动航空业的绿色转型，为地球环境贡献力量。

综上所述，航空市场服务营销的核心理念是一个多维度、系统化的战略框架，它要求航空公司在客户导向、价值创新、品牌塑造、数字化转型与可持续发展等方面全面发力，以卓越的服务体验、差异化的竞争优势、强大的品牌影响力、高效的运营效率以及可持续的发展模式，赢得客户的信任与市场的尊重，引领航空市场迈向更加辉煌的未来。

第二节 航空市场服务营销过程管理

一、航空市场服务营销过程中的服务管理

服务过程由一个个服务环节所组成，尽管每个服务环节的工作性质与服务内容不同，但是旅客不会因为服务环节的差异而改变或降低对服务的要求。他们认为，在不同的服务环节中他们都应该得到满意的服务。旅客的这一愿望给我们的服务提出了很高的要求，即每一个服务环节怎样来满足旅客的愿望呢？我们认为应该从最基本的服务做起。

航空公司市场服务营销过程中对服务的管理是预计旅客在服务各个阶段中的最基本需求，并对服务程序、服务设施或设备等方面实施管理，确保旅客能够在使用这些设施或设备后，便捷地解决乘机过程中的一些问题，使旅客的基本需求得到满足。

在服务过程中，无论是服务程序的设计，还是服务设施或者设备都应该以方便旅客为主，为旅客提供方便是服务过程中最基本的服务内容。对于在服务过程中给旅客提供方便或简捷的服务，有些航空公司认为这是区区小事，不予重视，甚至不屑一顾。其实，并非如此。这看似很小的事如果在服务中被忽视，其结果难以想象，它不仅给旅客增添了不少麻烦，而且还给航空公司增加了不必要的工作量。比如，有些航空公司的航班时刻已经对公众公布了，但是网站上的信息却没有及时填补或更新，旅客上网以后找不到新的航班时刻，只好打电话咨询，结果就是电话问询的工作量增加了。又如，有些航空公司（企业）用计算机客服电话来代替人工服务，电话接通了以后听到的是录音"你好，××公司，××服务请按1，××服务请按2，××服务请按3"等，由于种种原因旅客使用计算机客服电话得不到服务，只好转向人工服务，结果造成人工服务一直占线。这对旅客来讲，不仅花费了钱，浪费了时间，而且还得不到应有的服务，对航空公司的服务肯定感到不满意。可见，为旅客提供方便是服务营销过程中的一个重要内容，对待这一问题，我们应该从两个角度来认识：一是提供方便与简捷的服务不

仅方便了旅客，而且也会减轻我们的工作压力与麻烦；二是要把为旅客提供方便提高到服务营销的高度来认识，它不仅是服务工作的起点，也是旅客对企业产生印象的起点。如果在服务过程中我们没有及时地给旅客提供方便与简捷的服务，他们一定会感到不方便，进一步发展会影响服务质量，甚至会影响公司形象。因此，无论是在服务流程设计上，还是在服务设施与设备上，一切都应该以旅客方便为宗旨，使旅客通过使用这些设备与设施能够轻而易举解决乘机过程中的一些问题。例如，机场候机楼的标志导向的准确清晰与否看似小事，但对旅客来讲却并非如此，准确清晰的标志导向会给旅客提供方便，反之，会给旅客增添麻烦，增加烦恼。为此，我们应该一切以方便旅客为出发点，让旅客一进候机楼就能对标志导向一目了然，并根据标志导向能够轻松地到达自己所要去的地方，使旅客产生宾至如归的感觉。

随着航空市场的发展，为旅客提供方便与简捷的服务已经成为民航服务的趋势。国内外不少航空公司都在机场候机楼内相继推出自动办理登机手续业务，旅客只要根据屏幕的指示操作就可以很快办理好登机手续。这样不仅方便了旅客，节省了旅客等候排队的时间，同时减轻了值机人员的工作压力。例如，中国国际航空公司（以下简称"国航"）先后在全国各大机场推出国内航班自助值机，旅客只要到自助值机柜前，通过读卡机读取证件信息，就可以进入自助值机系统，然后根据系统提示（可以挑选自己喜欢的座位）进行操作，完成登机手续，取得登机牌以后再通过安全检查就可候机，整个手续只需半分钟就能完成操作过程。国航除开通国内航班自助值机系统外，还在首都机场 3 号航站楼 F 值机区新设置了四台崭新的国际自助值机设备。

（一）对旅客需求的管理

航空公司市场服务营销过程实际上是不断满足旅客需求的过程，同时也是对旅客的需求进行管理的过程。对于这一过程的管理，我们将从以下两个方面来分析：一个是对旅客需求预测的管理，一个是对不同旅客不同需求的管理。

1. 对旅客需求预测的管理

航空市场服务营销过程中对旅客需求预测的管理重点是在服务过程中满足旅客的需求。为此，我们把着眼点放在服务过程中的各个环节上。首先，无论哪个服务环节，都应该从本部门的工作性质出发来预测旅客在本部门的需求，这是满足旅客需求的先决条件。如果没有这一先决条件，为旅客服务也就成为一句空话。其次，根据预测的需求进行管理，即预计旅客在本部门有哪些需求，哪些需求满足了，哪些需求没有满足，对没有满足的需求我们应采取哪些措施等，为下一步满足旅客需求做好准备。

国内航空公司意识不到航空市场服务营销过程中对旅客需求预测的管理是服务营销管理的开始，很多航空企业认为旅客来了，只有提供好服务就可以了，至于预测旅客的需求几乎忽略不计。与此相反，国外一些优秀航空企业则下了很大的功夫来研究与预测旅客在服务各个阶段的需求。在这一点上，新加坡航空公司（以下简称"新航"）为我们做出了表率。新航从每一个服务环节特点出发，研究与预测旅客可能在某个环节上的需求与变化，然后对服务环节与设施进行改进，实施科学化的管理。

新航预测了旅客对客舱食品需求的变化，改进食品质量成为新航客舱服务的一大特色。新航认为，有时候旅客不能告诉航空服务人员他们需要什么服务，也没有办法预测自己将在什么时候需要什么样的服务。那么，新航就为旅客做这件事，去预测旅客需要哪些服务。比如，新航注意到旅客的口味正在发生变化，对饮食与健康的要求越来越高。于是，新航就把食物做得清淡一点，营养价值高一点，来满足旅客在饮食与健康上的需求。又如，当新航推出客舱电子邮件服务时，遭到了一些人的怀疑与反对，这些人认为客舱是旅客的休息场所，也是他们远离工作和老板的地方，根本不需要这种服务。然而，新航通过调查研究发现，有些商务旅客还是很喜欢这种服务，许多商务旅客只有处理完了他们的电子邮件以后才会更好地享受他们的空中旅行。于是，新航就为商务旅客提供了这种设备。事实证明，客舱电子邮件服务受到了商务旅客的欢迎。可见，新航在预测旅客各个服务环节上的需求变化方面可谓下了真功夫。正是这种准确的预测，使新航充分掌握了旅客的需求变化，然后提供有针对性的服务来满足其需求，从而赢得了优质服务的美誉。

2. 对不同旅客不同需求的管理

在航空市场服务营销的各个服务环节中我们都会碰到不同类型的旅客，他们各自有不同的需求。对不同旅客的不同需求实施管理，看似简单，但仔细一看，并非那么容易,首先要明确不同旅客的特点是什么,其次用什么样的服务手段能满足他的特殊需求等,这些都凝结了企业的智慧。

例如,英国航空公司(以下简称"英航")多年来一直关注中国留学生市场需求的变化与发展。英航了解到初次到英国留学的中国留学生年纪轻,旅行与生活经验不足,存在各种各样的需求,相互之间差异很大。为此,英航特地为中国留学生开通了中文学生网站。网站内容不仅包括航班时刻表、机票促销、机舱图、飞行网络和机票代理分布图等基本信息,还有机场导航、转机、旅行常识、安全措施,以及如何申请去英国的签证,在英国生活的大概费用,交通介绍等许多实用的生活资讯。另外,英航还根据留学生行李多的特点,特地放宽了携带行李的重量限制,并专门提供英国机场地面的中文服务与无人陪伴服务。

(二)对服务链与服务接触的管理

事物总是运动变化的,服务过程也是如此,它一直处于不断地运动变化之中,并在运动变化中生产出服务产品。

首先,航空市场服务营销过程中的服务链管理。对服务过程中服务链的管理主要体现在以下两方面。一方面,对服务环节之间信息传递的管理。在实际生产过程中,旅客的位移与信息的传递是交织在一起的,从信息的组成看,一个是在服务过程中传递的旅客信息,另一个是航空公司或机场传递给旅客的信息,这两个信息是服务过程中信息传递的重要内容。对于旅客信息传递的管理,要求每个服务环节的传递都必须准确,诸如姓名、座位确认情况、行李等,否则旅客无法成行。航空公司或机场给旅客的信息则更要准确与及时,它将直接影响服务过程的进行,影响服务质量。在实际生产过程中我们往往不注意,或者忽略了这方面的管理,结果给企业造成很大的负面效应。另一方面,服务环节之间的协调管理。由于每个服务环节工作性质的差异性,在整个服务过程中,各环节之间肯定会产生一定的问题。一旦在某个环节出现问题,部门之间不应该相互推诿,而应该意识到航空运输本身就是一个系统工程,不是某个部门或某个环节的行为,而是公司的整体行为。如果服务环节出现问题,部门之间不及时协调解决问题,而是相互推诿的话,那么推掉的不仅是服务产品的质量,而是企业形象。因此,服务环节出现问题以后,应该本着维护企业利益的原则,相互之间进行协调来解决问题。

其次，航空市场服务营销过程中服务接触的管理。从服务过程来看，服务营销人员与旅客之间的接触有三种类型。一是远程接触，这种接触不是人与人之间面对面的接触。例如，旅客通过公司的网站了解我们，或通过网上订票等自助服务。二是电话声音接触。服务人员在接电话时的用词、语调、语气等都是旅客产生服务感觉与感受服务的过程。三是旅客与我们面对面地接触。这种接触比前面两种形式来得更直接，服务人员的语言与表情、服务环境、服务设施等都成为旅客感知服务质量的重要组成部分。这三种形式的服务接触在服务营销中都处于非常重要的地位，它不仅是一切良好服务的开端，也是一切矛盾产生的起点。为此，必须引起我们足够的重视。

需要指出的是，在服务环节中，旅客与我们服务人员接触时心理上产生的第一印象不仅会影响他们的心理，而且还影响他们的行为。比如，旅客准备外出旅行，打电话到售票处问询航班情况时，接电话的服务人员如果态度很好，语气、语调、用词使旅客感到很亲切，并给旅客提出许多具有建设性的意见，旅客就很有可能将准备购买转为决定购买机票。更重要的是，旅客这次良好的服务感受不仅为下一次消费打下了基础，而且还有可能把这一次良好的感受告诉朋友，一定程度上帮我们进行了宣传与促销。反之，如果旅客在服务过程"接触"的感觉不好，其后果是十分严重的。随着服务经济的发展，服务行业对服务接触的认识不断深入，一些企业已经把服务接触上升到关键时刻。世界上一些著名的航空公司纷纷推出关键时刻服务，并要求全体员工在服务过程中彻底贯彻落实。

综上所述，航空市场服务营销过程中对服务过程的管理，首先是对最基本服务的管理，从个体上看，是对旅客的需求进行预测与管理，并针对不同旅客的不同需求实施管理。其次，从企业的整体性上看，服务过程的管理重点是对服务链与服务接触的管理，对服务接触的管理则是重中之重，服务人员与旅客的每一次接触都是关键时刻，它的成功与否关系到服务质量的高低，关系到企业的生存。

二、航空市场服务营销过程中的质量管理

（一）航空市场服务营销质量管理定义

在竞争日益激烈的航空市场中，服务营销过程中的质量管理不仅是提升旅客

满意度的关键,也是航空公司保持行业竞争力、塑造品牌形象的重要手段。

航空市场服务营销质量管理是指航空公司在服务营销过程中,通过制定和执行一系列政策、流程和标准,以确保服务的高水平、高效能,从而满足旅客的需求和期望,提升旅客的整体满意度和忠诚度。这一过程涉及售前咨询、售中服务、售后支持等多个环节,旨在构建全方位、全过程的优质服务体系。

(二)航空市场服务营销质量管理关键要素

1. 安全性

安全性是航空市场服务营销质量管理中不可或缺的一环。航空公司必须严格遵守国际安全标准,确保飞机、机组人员及旅客的安全。

2. 可靠性

可靠性包括航班准时性、行李处理的准确性等。航空公司需建立高效的航班调度和维护体系,减少延误,提高服务可靠性。

3. 服务态度

友好、专业和周到的服务态度能够显著提升旅客的满意度。航空公司需加强员工培训,提升员工的服务意识和专业素养。

4. 机舱环境

舒适的机舱环境是旅客体验的重要组成部分。航空公司需关注座椅舒适度、娱乐设备、餐饮服务等方面,营造愉悦的旅行氛围。

5. 售后服务

完善的售后服务体系能够有效解决旅客在旅行过程中遇到的问题,增强旅客对航空公司的信任感。售后服务包括投诉处理、退改签政策等。

(三)航空市场服务营销质量管理实施策略

第一,设立专门的质量管理部门。航空公司在航空市场服务营销质量管理过程中应设立专门的质量管理部门或机构,负责制定和执行服务质量管理政策和流程,确保各项服务标准的落实。

第二,建立监控机制。航空公司在航空市场服务营销质量管理过程中通过收集旅客反馈、管理数据和实时监测等方式,对服务质量进行全面评估,及时发现问题并采取改进措施。

第三，加强员工培训和教育。航空公司在航空市场服务营销质量管理过程中需定期对员工进行服务技能、安全知识等方面的培训和教育，提升员工的专业素养和服务能力。员工是服务质量的关键因素之一。每个员工自身素质、情绪状态、服务环境和服务对象的不同，都会带来服务标准的变形。因此，企业需要对员工进行系统的培训，提高他们的服务意识和水平。

第四，质量目标与标准设定。航空市场服务营销过程中质量管理的第一步是确立明确的质量目标和标准。这些目标和标准应该是可衡量的，并与组织的战略目标相一致。在航空市场服务营销中，类似的具体质量目标有航班准点率、客户投诉处理时间等。

第五，全员参与与质量文化建立。航空市场服务营销过程中的质量管理需要全员参与，即所有员工都应参与到质量管理中来。这包括从高层领导到一线员工，每个人都应该意识到自己在质量管理中的责任和作用。此外，建立一种质量文化，使员工能够自觉地关注并改进服务质量，也是至关重要的。

航空市场服务营销过程中的质量管理是一个持续优化的过程。航空公司需根据市场变化和旅客需求的变化，不断调整和优化服务策略和服务标准。同时，航空公司还需通过定期进行服务质量审计和评估，发现服务过程中的薄弱环节和潜在问题，并采取相应的纠正措施和预防措施，确保服务质量的持续提升。

总之，航空市场服务营销过程中的质量管理是航空公司提升竞争力、赢得旅客信任的重要手段。通过制定和执行科学的管理政策和流程、加强员工培训和教育、引入先进技术手段等措施，航空公司可以不断提升服务质量水平，为旅客提供更加安全、可靠、舒适和满意的旅行体验。

第三节　航空市场服务营销人员素质与意识

知识经济的浪潮冲击着社会各个角落，知识的资本价值及其推动经济发展的力量已经被全社会所认识。人才与知识的相关性，以及对社会发展所起的作用越来越被人们重视，人才成为企业追逐的对象。在经营管理上，企业对人才的重视已超过以往任何时候。随着科技的发展，人类的挑战不再是制造更多的硬件，而是"人类条件"。人际的沟通、思维、行为模式，以及人与人之间各种复杂而微妙的相互牵引关系，不仅是个人，也是企业生存下去的关键。由此可见，人员的素质在企业生存与发展中所起的重要作用。

无数事实表明，一个成功的强大的企业，必定有一支强大的市场营销队伍与高素质的人才。例如，美国波音公司之所以能够拥有世界民用航空市场60%的市场份额，得益于拥有一批高素质的市场营销专家与优秀的销售人员。正是由于这批精英的存在，美国波音公司才得以立足于世界商业航空市场之巅。波音公司的成功经验清楚地告诉人们：优秀的市场营销人员对企业的生存与发展起着非常重要的作用，他们不仅是企业的财富，而且能够创造企业的未来。正因如此，一些企业才不惜重金去寻找或挖掘优秀的营销人员。航空公司也是如此，无论是生存还是发展都离不开优秀的市场服务及营销人员，他们是企业的中流砥柱。

一、航空市场服务营销人员基本素质

在知识经济时代，企业之间的竞争归根结底是人才的竞争。掌握了人才，公司就能占据有利地位。人才成为现代企业走向成功的重要因素。

优秀的航空市场服务营销人员必定有良好的素质，良好的素质造就了优秀的人才。在竞争日益激烈的航空市场中，作为航空市场服务营销人员，其专业素养与综合能力是推动品牌增长、提升客户满意度及市场占有率的关键因素。下面将对航空市场服务营销人员应具备的基本素质进行深入阐述。

（一）责任心

企业是由员工组成的，无论是行业之间的竞争，还是企业自身的发展都离不开员工，员工的工作责任心对企业来说至关重要。所谓责任心，是指人们在社会生活中，承担的对他人、对社会、对自己工作的责任意识，它是一切行为的内在动力，从内心深处驱使人们去对工作负责。责任心是一个人的基本素质，"一个人若是没有热情，他将一事无成，而热情的基点正是责任心。"[1] 中国历史上，"三过家门而不入"的大禹、"鞠躬尽瘁，死而后已"的诸葛亮等，都是责任心的楷模。

责任心不仅反映了一个人的素质，也是评判优秀航空市场服务营销人员的核心标准之一。在服务过程中，航空市场服务营销人员的责任心具体表现为：在其

---

[1] 欧阳凤莲，冯玉红，钟凤宏. 培育和践行社会主义核心价值观[M]. 北京：中国民主法制出版社，2021：246.

位，谋其政，恪尽职守，认真地做好本职工作。

我们之所以强调航空市场服务营销人员应该具备责任心，是由服务营销工作的特殊性决定的。这一特殊性表现在以下两个方面：一方面，航空市场服务营销人员直接面对旅客或客户，如果没有责任心，优质服务就成了无稽之谈，服务的好坏完全取决于航空市场服务营销人员的工作责任心；另一方面，无论是公司的战略，还是战术都需要他们来落实，这就需要航空市场服务营销人员具备高度的责任心，把公司的事当成自己的事，责任心成为完成这一使命的前提与必要条件。

对于责任心的理解，有些航空市场服务营销人员认为，责任心是自己对公司或工作负责，我们认为这一认识不够全面，责任心首先是对自己负责，其次才是对公司负责。航空市场营销服务人员，不仅要能够忘我地投入工作中去，还要能够严于律己，对自己的行为负责任。另外，在处理与他人的关系上要能够主动地关心帮助他人，并对他人负责任。反之，一个缺乏责任心或责任心不强的人，往往意识不到自己身上的责任，在责任面前不会发挥自己的主观能动性，从某种意义上说，这不是一个人格健全的人。责任心是获得他人尊重的前提。每个人都有想获得他人尊重的心理，然而要想获得他人的尊重，就必须具有强烈的责任心与出色的工作成绩。很难想象，一个连自己本职工作都做不好、对自己都不负责的人能够得到大家的尊重。因此，我们强调，航空市场服务营销人员的责任心首先是对自己负责，其次才是对企业负责。

航空市场服务营销人员的责任心表现为以下几点。

首先，航空市场服务营销人员的责任心表现在对责任心的认识上。航空市场服务营销人员的责任心是第一位的，它是做好服务营销工作的基础。服务营销工作是一项十分辛苦和具有挑战性的工作，它需要航空市场服务营销人员激发自己的潜力与智慧来完成。实践证明，只有具备责任心的航空市场服务营销人员，才能在工作中自觉地担负起工作的职责，才能够做到不因事大而难为，不因事小而不为，不因事多而忘为，不因事杂而错为。即使碰到困难他也能充分调动自己的积极性和主观能动性，充分发挥自己的聪明才智，去克服困难，最终赢得客户的认同，取得工作的业绩。所有这些都取决于市场服务营销人员对责任心的认识，只有有了正确的认识才会有正确的行为。

其次，航空市场服务营销人员的责任心直接表现在工作态度上。客观地说，有什么样的工作责任心就有什么样的工作态度，就有什么样的工作成效。航空市场服务营销工作从来不会有轻松的时候，如果航空市场服务营销人员缺乏工作的责任心，对待旅客服务态度不好，必然会以旅客的不满与投诉而收场。旅客的负面反馈又会影响自己的心态，心态不好，工作态度更差，工作更加没有成效，结果更糟糕，从而陷入一场服务质量和客户满意度之间的恶性循环。因此，我们强调航空市场服务营销人员应该具备很强的责任心，能够用责任心来约束自己的言行与调节自己的情绪，能够很好地处理工作中各方面的关系与矛盾。

最后，航空市场服务营销人员的责任心表现在业务水平和能力上。航空市场服务营销人员应该自觉地提高业务水平。社会的发展与激烈的市场竞争要求航空市场服务营销人员加强自身的学习，不断提高自己的业务水平和能力，只有这样，才能使自己的能力适应市场的竞争和公司的发展。航空市场服务营销人员的责任心在工作岗位上具体表现为以下几点：第一，明确自己在公司中处于什么样的岗位，在这个岗位上应该做些什么，然后努力把自己该做的事情做好。第二，明确自己的责任就是对工作所负使命的忠诚和信守，真正做到恪尽职守，认真地做好本职工作。第三，责任是人性的升华，也是人的美德。航空市场服务营销人员的责任心在服务过程中体现为对旅客负责，真正做到急旅客之所急，想旅客之所想。例如，国航重庆分公司地面服务部给自己提出的要求就是要让旅客享受贵宾般的服务。为了使头等舱旅客、知音卡贵宾旅客在乘机过程中能够感受到温暖的气氛，他们在值机柜台前铺上地毯，并在柜台上摆上鲜花迎接旅客，使旅客一进候机楼就有贵宾般的感觉。考虑到重庆地区潮湿多雨，许多旅客都没带雨具，远机位登机时经常遭到雨水淋湿。为此，他们专门为旅客准备了多把雨伞，给远机位登机旅客送去温馨。此外，他们还设置了引导旅客乘机服务、转机旅客服务等。他们高度的责任心得到了旅客的赞扬，正如旅客在表扬信中写道："这里的地面服务人员责任心很强，旅客想到的他们想到了，旅客没想到的他们也想到了。"正是强烈的责任心使航空市场服务营销人员在工作中表现出对旅客的高度负责的精神，它不仅保证了服务质量，而且维护了企业的声誉。

（二）团队合作精神

航空运输服务工作是一个系统工程，无论是客运还是货运都需要各部门的齐心协力才能完成。因此，它要求每一个部门、每一个成员都必须具有团队合作精神。团队合作精神是指员工和管理层为了达到共同的目标而组成共同体，对外体现了全体人员的团结协作精神，对内具有向心力与凝聚力，能够保证组织的高效率运转，它的核心是协同合作。

之所以强调航空市场服务营销人员必须具备团结合作精神，一是航空公司的生存与发展需要航空市场服务营销人员具备团结合作精神。在激烈的市场竞争中，任何企业都离不开员工的团结合作精神，没有全体员工的共同努力与合作精神，企业将无法正常运作，更谈不上实现自己的目标。航空公司也是如此，无论是旅客的运输，还是货物的运输，都需要部门之间、员工之间的团结合作精神，这是企业成功运营的根本。二是航空市场服务营销人员自身应该具备团结合作精神。作为企业的一名员工，航空市场服务营销人员应该明确没有企业的存在就不可能有自己的发展，为了企业与自己的发展，应该具备团结合作精神，在工作中相互配合，相互支持，共同完成各项任务。例如，美国捷蓝航空公司致力于维持低票价优质服务的品牌，其中最关键是降低成本，这是由全体员工共同努力来完成的。在公司里，每位员工，无论其级别如何都在为实现共同的目标而工作。当飞行员完成检查项目以后，他们会走出驾驶舱，帮助乘务员清洁客舱，向乘客展示了公司的整体形象。捷蓝航空公司之所以能够维持低成本，与员工的团结合作精神是分不开的，正是有了这种团队精神，捷蓝航空公司提高了工作效率，降低了公司的经营成本，使企业能够实现自己的目标——低票价优质服务的品牌。

在经济全球化的背景下，企业的凝聚力与团队合作的力量成为市场竞争制胜的法宝。航空市场服务营销人员是企业的中流砥柱，是航空市场竞争的直接参与者。航空市场服务营销人员的团结合作精神集中表现在以下几个方面。

首先，能够自觉地为实现企业的目标而奋斗。企业是一个团队，是一个有机的整体，为了在激烈的市场竞争中实现战胜竞争对手的目标，企业中的每一个成员，都应该有共同的信念，即人心齐，泰山移，团结就是力量。企业成员要能够自觉地与其他人员相互配合，相互支持，为实现共同的目标而努力奋斗。

其次，具有协同合作的精神。协同合作是团队精神的核心，也是团队精神最直接的表现。例如，2008年，一场突如其来的大雪致使沈阳桃仙国际机场两度临时关闭，中国南方航空股份有限公司（以下简称"南航"）数十个进出港航班延误或取消,数千余名旅客滞留机场。航班延误或取消后,南航北方有限公司地服部以良好的团队协作精神,奋力拼搏、忘我工作。售票柜台的人员通过计算机反复查询,保证延误旅客衔接上后续的航班,并为旅客办理航班签转和换乘手续;值机处提前做好托运行李的各项准备工作,使旅客一到就能够迅速托运行李,保证航班尽早起飞;高端客户服务部将高端旅客信息、中转旅客信息,及时传输给下站有关部门,确保高端旅客、转机旅客下段有人负责;服务部及时广播航班相关信息,不停地用广播寻找没有及时登机的旅客;等等。他们发扬了良好的团队协作精神,在大面积航班延误的情况下,保障了进出港航班 72 班,7000 多名旅客没有出现任何问题和差错。

最后,能够正确处理个人与个人、个人与企业之间的关系,能否正确处理这两个关系,是检验航空市场服务营销人员是否具有团队合作精神的试金石。从个人与个人的关系上看,团队中不可能没有摩擦,不可能没有矛盾。航空市场服务营销人员应该站在团队合作的高度看问题,明确宽容与合作是形成团队精神的核心,正确处理好同仁之间的关系是团队精神的体现。从个人与企业之间的关系来看,航空市场服务营销人员要有全局意识。团队精神不反对个性的发挥,但个性必须与团队的行动一致。从个人角度看,航空市场营销人员应该懂得个人的价值只有在集体中才能得到体现。尤其在知识经济与信息时代,没有团队的合作,个人的成功是非常艰难的。换句话说,个人的成功与否很大程度上取决于自己与他人的合作。全局意识是合作精神的灵魂,是团队精神的统帅,没有全局意识,就不可能有相互之间的协调与配合。航空市场服务营销人员要有整体意识、全局观念,必须明确企业的目标需要全体员工的共同努力才能完成。

(三)敬业精神

敬业精神是航空市场服务营销人员应当具备的基本素质之一,也应是其人生基本价值观与信条之一。

航空市场服务营销人员的敬业精神是指以一种高度负责的精神来完成本职工作。敬业精神建立在高度负责的责任心上,是责任心的升华。如果说责任心在某种程度上还带有一点强制性的话,那么敬业精神则完全是发自肺腑的主动精神。事实证明,一个员工的能力再强,如果不愿意付出,也无法为企业创造价值;而一个愿意为企业全身心付出的员工，即使能力稍微逊色，但敬业精神会促使他兢兢业业地去努力完成任务，同样能够为企业创造价值。

航空公司的发展也是如此，需要员工的敬业精神。例如，国航天津分公司市场营销部销售项目组是一个有着优良传统的先进集体，并且已连续多年被评为国家级"青年文明号"，同时，还多次被评为天津市和中国国际航空公司的先进集体，他们凭着敬业精神与精湛的业务能力，创立了"亲情服务"品牌。经过周密的市场调查，他们发现老年人的旅游探亲需求越来越旺盛，销售项目组根据这一特殊市场需求，适时推出了为老年人送票、送站的"亲情服务"，收到了很好的社会效益和经济效益。

社会进步的历程证明，每一项科学发现、技术进步，以及理论的创新都离不开人们的敬业精神。

首先，敬业精神表现为爱岗精神。之所以强调爱岗精神，是因为它是敬业精神的前提，没有爱岗精神就不可能有敬业精神。爱岗精神看似容易，但一个人要真正热爱自己的工作岗位并不是一件轻而易举的事，它需要信念与热情来支撑。在服务过程中，航空市场服务营销人员每天会遇到各式各样的旅客，有的通情达理，有的则不然，而所有在工作中遭受的委屈和不公都需要航空市场服务营销人员用爱岗精神来支撑。

其次，敬业精神就是指兢兢业业，专心致力于自己的本职事业，努力创造出更多的工作成果。敬业精神的核心是"敬业"，敬业是一种高尚的品德，即对自己所从事的职业怀着一份责任、珍惜和敬重，不惜为之付出和奉献，从而获得一种荣耀感和成就感。从个人角度看，一个人要想在事业上获得成功，就必须有敬业精神，否则肯定一事无成。要想获得事业的成功，只有把敬业精神当作生命的信仰，才会在工作中不甘平庸、不甘落后，才敢在逆境中拼搏，最终达到光辉的顶点。从企业的发展来看，一个企业能否健康发展很大程度上取决于员工的敬业精神。敬业精神是一个比较感性的概念，但是实际做起来就可以明显地感觉出来，因为是否把工作当作自己生活中一件重要的事情，是否为了干好工作而与别人协作好、配合好，是很容易看出来的，我们需要的就是这样具备敬业精神的员工。

最后，敬业精神在工作中集中表现在"奉献"上，"奉献"在一定的意义上与"牺牲"相连。"奉献"是由强大的信念支撑的，没有信念来支撑就无法做到真正的"奉献"。因为，在工作中时常会发生个人利益与企业利益的矛盾或冲突，这时就需要牺牲个人利益来维护企业利益。奉献精神凝结着信念，只有具备了坚定的信念，才能有无私的奉献。无论哪个工作岗位，航空市场服务营销人员的敬业精神都有着非常具体的内容，它表现在爱岗、敬业、奉献上。敬业精神不仅是航空市场服务营销人员的基本素质，也是做好服务营销工作的前提和基础。

（四）市场洞察与分析能力

敏锐的市场感知：航空市场服务营销人员应当具备快速捕捉行业动态、政策变化及消费者趋势的能力，要能够通过深入分析市场数据，识别潜在的市场机会与威胁。

竞争分析：航空市场服务营销人员应当熟练掌握竞争对手的产品、服务、价格策略及市场表现，要能够通过SWOT分析等方法，制定差异化营销策略。

（五）客户服务导向思维

客户至上：航空市场服务营销人员应当将客户需求置于首位，理解并预测客户期望，通过个性化服务提升客户体验。

情感连接：航空市场服务营销人员应当与客户建立并维护良好的关系，展现同理心，有效处理客户投诉与建议，增强客户忠诚度。

（六）产品与服务知识

深入了解：航空市场服务营销人员应当全面掌握航空公司航线网络、航班时刻、舱位等级、服务特色及附加产品（如常旅客计划、机票折扣、增值服务）等信息。

产品推广：航空市场服务营销人员应当能够清晰、准确地传达产品价值，根据客户需求推荐合适的航班及服务方案，提升销售转化率。

（七）持续学习与自我提升

持续学习：航空市场服务营销人员应当紧跟航空业发展动态，不断学习最新的服务理念、技术趋势及法律法规，保持专业竞争力。

自我提升：航空市场服务营销人员应当定期评估个人工作表现，识别不足并寻求改进方法，以持续提升自身的职业素养和业务能力。

综上所述，航空市场服务营销人员必须具备上述基本素质才可以在快速变化的市场环境中脱颖而出，为航空公司创造更大的价值。

二、航空市场服务营销人员的服务营销意识

如今的航空市场竞争已从价格竞争演变为服务竞争，服务成为竞争的核心。在这种形势下，航空市场服务营销人员的服务意识成为重中之重。

从企业的角度来看，服务不仅是市场竞争的主要内容，而且是决定竞争成败的重要因素。因此，航空公司要求航空市场服务营销人员必须具备一定的服务意识。

从旅客角度来看，服务是航空产品的代名词。他们越来越重视航空公司与机场的服务，不可能接受服务质量低劣的产品，而服务质量完全取决于市场服务营销人员的服务意识。更重要的是，现在的服务质量已经成为旅客选择航空公司的重要依据。世界航空公司客户关系协会会议曾经指出，乘客对服务的要求越来越高，但乘客的耐性已越来越低。如果今天的服务不能满足旅客的需求，那么他们的耐心程度与结果可想而知。

通常人们把服务人员的服务意识单纯理解为主动为旅客服务，但服务营销理论对此有更深刻的认识，它认为服务意识不是指单纯的服务，还包含航空市场服务营销人员把服务、服务质量、营销视为整体的意识。

航空市场服务营销人员的服务意识集中表现在以下几个方面。

第一，为旅客提供可靠性的服务。首先，航空市场服务营销人员的服务意识体现在服务过程中能够为旅客提供可靠性的服务。可靠性的服务是指航空公司能够准确无误地完成对旅客承诺的服务。完成承诺是与旅客建立良好关系的前提。服务营销理论则要求航空市场服务营销人员把它提高到公司经营理念的高度来认识。如图 3-3-1 所示，可以看出，航空市场服务营销人员向旅客提供可靠性的服务是一举两得的好事，它既能提高效率，又能减少成本，为公司增加利润，这不仅有利于公司自身的发展，而且有利于进一步开拓市场。其次，要求航空市场服务营销人员把公司对旅客的承诺落实在行动上，即通过自己的工作确实让旅客感

受到可靠性的服务。残酷的市场竞争事实告诉我们，如果在服务过程中不能给旅客提供可靠性的服务，那么将意味着三个失去：其一，直接意义上的经济损失，旅客走了，公司收益没有了；其二，意味着失去更多潜在旅客，公司发展潜力受到影响；其三，意味着失去旅客对公司的信任，公司生存有了危机。由此可见，为旅客（客户）提供可靠性的服务绝不是一句空话，而是有着实实在在的内容。能否给旅客提供可靠性服务，它不仅关系到公司在公众心目中的形象，而且关系到公司的生存与发展。

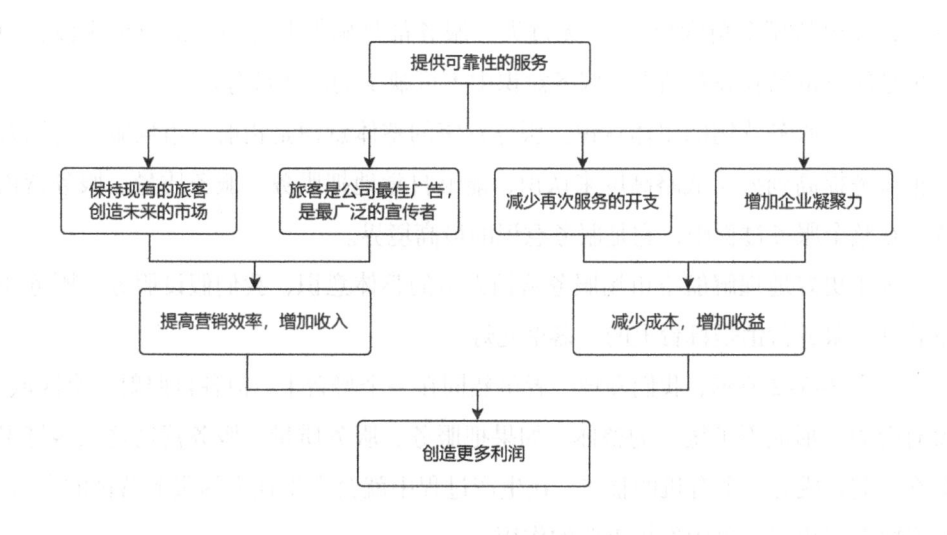

图 3-3-1 可靠性服务

第二，树立"无过失"的服务意识。服务质量的好坏在于服务人员的服务，要确保服务质量，服务人员必须做到"无过失"服务，这是对服务质量的根本保证。航空运输本质上是一种商品关系，它的核心是等价交换，等价交换要求我们无条件地提供"无过失"服务。从服务过程来讲，航空公司与旅客是一种服务与被服务的关系，这种关系要求航空市场服务营销人员毫无怨言地为旅客提供"无过失"服务。从生产与消费的角度看，民航服务本身就是生产与消费的统一体，航空市场服务营销人员必须为旅客提供合格的产品，提供"无过失"的服务是顺理成章的事。"无过失"服务是航空市场服务营销人员服务意识的核心内容。

另外，之所以强调市场服务营销人员必须树立"无过失"服务的意识，是因为在激烈的航空市场竞争中，世界上一些著名公司不仅把"无过失"服务作为对旅客的承诺，而且把它作为营销手段与经营管理理念。他们不断地挑战自己，不断提高服务标准，执着地追求服务的完美，追求100%无缺陷"无过失"的服务。对此，我们应该有危机感与紧迫感，应该意识到"无过失"服务已经成为服务质量的重要内容。航空公司不同于一般厂矿企业，如果厂矿企业的产品有质量问题，可以采取一定的办法进行补救，如修理、更换、退赔等。而航空公司的服务产品却做不到，服务是一次性的、不可逆转的，它要求航空市场服务营销人员必须树立"无过失"服务意识，对旅客的服务只许成功不许失败。综上所述，我们可以看出，无论从哪个角度分析，"无过失"服务都是确保服务质量的重要手段，而且也是航空市场服务营销人员服务意识中不可缺少的组成部分。

第三，服务营销的整体意识。服务营销的整体意识是指航空市场服务营销人员把服务提高到公司战略高度来认识，能够自觉地把服务、服务质量、服务营销统一在整个服务过程中，它是服务意识的最高境界。

为了更好地理解航空市场服务营销人员的整体意识，我们假设服务、服务质量管理、服务营销是舞台上的三盏聚光灯。

如图3-3-2所示，我们发现三者虽然同在一个舞台上，但各自照射一个区域，没有合力，形成不了统一的整体。如果把服务、服务质量、服务营销这三盏灯聚集在一起，成为一个有机的整体，在生产过程中就会产生强大的服务营销的合力，它必将会在市场竞争中发挥重要的作用。

图3-3-2 服务、服务质量、服务营销示意图

如图3-3-3所示，当航空市场服务营销人员把服务、服务质量、服务营销聚集在一起时，就会达到服务的最佳状态。此时服务不再是一般意义上的服务，而是被提高到公司战略层面上，被赋予了更深刻的内容。

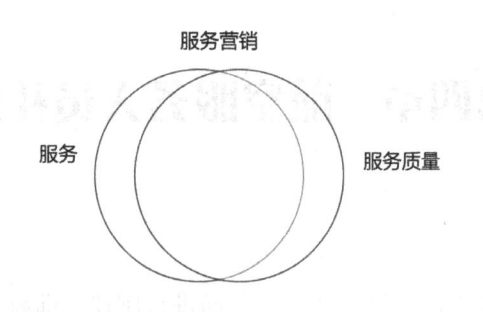

图 3-3-3　服务、服务质量、服务营销合力图

我们从不同角度对航空市场服务营销人员的服务意识进行了分析，无论是提供可靠性的服务，还是服务过程中的"无过失"服务，服务营销意识的整体性都要求航空市场服务营销人员在服务营销活动中能够自觉地把服务、服务质量、服务营销提高到公司战略高度来认识，并且落实到行动上。

第四章　航空服务人员礼仪

本章为航空服务人员礼仪，从六个方面进行阐述，即航空服务礼仪本质与原则、航空服务人员职业素养礼仪、航空服务人员仪容仪表礼仪、航空服务人员仪态礼仪、航空服务人员日常社交礼仪、航空服务人员沟通礼仪。

第一节　航空服务礼仪本质与原则

一、航空服务礼仪本质

最初，礼的含义是敬神，在之后的理解中，常常将礼引申为敬意的通称。礼的含义有着十分丰富的内容，不仅指表示敬意或隆重而举行的仪式，也指在社会交往中，人们约定俗成的礼貌、礼节与行为规范等；同时也特指在奴隶社会、封建社会等级森严的社会规范和道德规范。"礼"是一个特定的民族、群体或国家在客观的历史传统基础上，所形成的一种价值观念、道德准则及其相应的典章制度和行为规范。本质上来说，礼就是"诚"，有敬重、友爱、谦虚、关怀和体贴等含义。礼是在人与人之间，甚至在国与国之间交往时表达互相尊重、亲善和友好的行为准则。在人与人之间的交往中，礼是通过言谈、表情、举止等表示敬重与友好的行为，体现了人的修养、文化层次和文明程度；而仪是人们在日常生活中，尤其是社交场合中，以一定的规范和方式进行问候、致意、祝福以及表示彼此尊重的惯用形式。仪包括仪表和仪式两方面。

礼仪就是在人们的社会交往中约定俗成的行为规范，主要是为了相互尊重而遵守的行为规范，主要体现在仪容仪表、仪态、言谈举止等方面。概括起来，礼仪的表现形式为谦虚而恭敬的态度、优雅而得体的举止、文明而礼貌的语言、大方而高雅的装束。

航空服务礼仪实际上是一种行为准则，乘务人员必须在航空过程中遵循这些准则。它规定了乘务人员在为客人提供服务的过程中所需遵守的准则，包括热情细致地迎接客人、使用良好的沟通技巧与客人交流、在飞行途中满足客人需求等等。此外，随着航空业国际化和竞争加剧，各航空公司对乘务人才的素质要求更高，并且高于其他行业的标准。航空服务中，乘务人员是与顾客直接接触和交流的人员。航空服务的形象会给旅客留下直观印象，而这些直观印象会受到航空公司员工文明礼仪素质、言谈举止、外表形象和服务态度等方面的直接影响。乘务人员的态度和行为举止既反映了其服务技能和内涵素质，也直接展示了航空公司的管理水平和能力。因而，必须提升乘务人员的航空服务礼仪。乘务人员需要拥有更高水准的服务意识，才能更好地为他人提供服务，因而乘务人员也必须熟知与航空礼仪相关的知识，以塑造自身优雅的形象并展现专业服务人员的规范和科学的形象。

二、航空服务礼仪原则

航空服务礼仪的基本原则能够将航空服务礼仪的一般规律反映出来，同时也是对航空服务礼仪及其运用过程的原则性规定。航空服务礼仪有一个鲜明的特点，就是严格要求航空服务人员遵循礼仪规范，并约束和指导自己的服务行为。

（一）平等原则

现代服务礼仪中的平等原则，是指以礼待人，有来有往，既不盛气凌人，也不卑躬屈膝。平等原则是现代服务礼仪的基础，是现代服务礼仪有别于以往礼仪的最主要原则。平等是服务礼仪的核心点，即在尊重旅客以礼相待这一点上，对任何旅客都必须一视同仁，给予同等程度的礼遇，不允许因为旅客彼此之间在年龄、性别、国籍、种族、文化、信仰、职业、身份、地位、财富上的差异以及与自己的关系亲疏而给予不同的待遇。

（二）互尊原则

古人云："敬人者，人恒敬之。"[①] 只有相互尊重，人与人之间的关系才会融洽和谐。在服务过程中，每一位航空服务人员都必须自觉自愿地遵守服务礼仪，以

---

① 孔丘. 四书五经：上 [M]. 陈戍国, 点校. 长沙：岳麓出版社, 2023：86.

服务礼仪去规范自己在服务过程中的一言一行、一举一动；以自己对旅客的尊重，赢得旅客对自己的尊重，从而营造一个和谐的服务氛围。

（三）宽容原则

宽容就是心胸宽广，"海纳百川，有容乃大"，能设身处地为旅客着想，能原谅旅客的过失，是一种美德，它被称为现代人的一种礼仪素养。宽容原则的基本含义，是要求航空服务人员在工作中，既要严于律己，更要宽以待人，要多理解与包容乘客，不应该与乘客斤斤计较。

第二节 航空服务人员职业素养礼仪

航空服务业的独特之处在于其提供安全、快捷和舒适的服务，而在这个服务过程中，航空服务人员是其关键所在。这是因为航空服务人员不仅会直接面对旅客，同时也代表着航空公司的形象。航空公司服务人员的服务具有很强的特殊性，因为他们需要应对来自世界各地和具有不同文化背景、职业、年龄、地位和风俗习惯的旅客。为了能够更好地完成服务工作，航空服务人员需要努力提升自己的文化素养和专业技能，同时也需要不断学习以了解不同旅客的需求和心理特点，从而更好地满足国内外各类旅客的服务需求。另外，航空服务人员的职业素养也是非常重要的，因为其职业素养不仅彰显了企业的文化，关系着企业的声誉，影响乘客的情绪，同时也会在一定程度上体现国家与民族的精神风貌与文明程度。因此，航空公司会要求航空服务人员具备良好的职业素养礼仪。

职业素养也就是人们在社会活动中需要遵守的行为准则。在职场上，除专业技能外，敬业和道德也是必备的要素，这些因素在职场上体现了一个人的职业素养，在生活中反映出来的是个人的品质或者道德水平。自身的职业素养是由个体行为的综合体所构成的。职业素养指的是人的内在素质和能力，而个体行为则是这些素质和能力在外部的表现。因此，职业素养是决定一个人职业生涯成败的关键因素，通过量化就成为"职商"，英文为 Career Quotient，简称 CQ。

航空服务人员从事的是直接与人打交道的职业，而这个职业的本质内涵就是服务，这就要求从业人员必须具有良好的职业素养。航空服务人员的职业素养就是航空服务人员在职业中展现出的态度与道德水平，如对职业的忠诚度、习惯与专业的熟练度等。一个热爱航空服务的人，一定会像对待自己的眼睛一样对待自己的职业，会用百倍的努力和热情，去呵护自己拥有的这个职业。航空服务人员的职业素养包括以下四个方面：职业道德、职业意识、职业行为习惯和职业技能。其中，前三个方面都是职业素养中的根本部分，能够体现个体的世界观、人生观、价值观，并且这三方面是随着个体的成长而逐渐形成并发展的。职业技能是职业人生的外在表现，它是航空服务人员进行学习和培训就能掌握的东西，是相对轻易获得的部分。例如，一个航空服务人员的计算机与英语水平、行姿、走姿、站姿等这些职业技能，通过2~3年的实践和运用，就可以逐渐成熟。但是，如果一个人基本的职业素养不够，比如说忠诚度不够，那么技能越高的人，对企业造成的潜在威胁就越大。因此，一个人就像一棵树，根系就是一个人的职业素养，而枝、干、叶、形就是其显现出来的职业素养表象，要想枝繁叶茂，首先必须根系发达。

航空服务人员的职业素养礼仪是一个人职业素养的表现。如果航空服务人员的职业素养较缺乏，那么他们在服务时可能会表现出失礼的言行，这将使得个人和企业失去很多有益发展的机会。因此，航空服务人员在职业生涯中必须始终保持高度的职业素养表现和礼仪水平，因为这不仅是个人成功的基础，也是企业成功的基础。职业素养礼仪是体现职业素养外在表现的方式，是团队和个人发展的关键要素。它是打造完美团队、展现每位航空服务人员聪明才智的重要工具。职业素养则来自日常生活中一点一滴的细节积累，提升职业素养、礼仪水平，靠的是内外兼修和不断的进取。

一、亲和的微笑

微笑是盛开在人们脸上的鲜花，微笑是升起在人们心中的太阳，微笑是送给别人最珍贵的礼物，微笑是人们相互尊重的最好证明。在医院里，医生的微笑会给身受疾病折磨的病人带来勇气和战胜病痛的信心；在学校里，老师的微笑会给成绩落后的学生带来学习的兴趣和积极向上的热情；每天早上上班前对家人微笑，会增进家人间的情感；在各自工作岗位上，每个人的微笑都会得到热情的回报。

微笑本身让人产生美感，是最坦荡和最有吸引力的；微笑是航空服务人员送给旅客的缕缕春风；微笑是航空服务人员化解服务矛盾的有效方式。航空服务人员面带微笑，给旅客一种可亲可信之感，发自内心的微笑是搞好服务工作的重要条件之一，它会使工作环境充满活泼愉快的气氛，给旅客留下美好的印象。

微笑服务是航空服务人员美好心灵和友好诚恳态度的外化表现，是航空服务人员与旅客交流、沟通的桥梁，是航空服务人员最基本的素质和最起码的礼貌，是航空服务人员的职业素养礼仪。

微笑服务不仅是一种表情的体现，更重要的是与旅客感情的沟通；微笑服务并不意味着只是脸上挂笑，而应是真诚地为旅客服务；微笑服务最重要的是感情上把旅客当成亲人、当朋友，与他们同欢喜、共忧伤，成为旅客的知心人，成为旅客的镜子；微笑服务绝不只是单纯的笑对旅客，它实际上标志的是航空服务人员的一种竭诚为旅客服务的温馨态度，一种设身处地为旅客着想的态度，一种千方百计为旅客解决问题的态度；微笑服务犹如春风一般，能够使旅客的心情舒畅、产生好感；微笑服务能够代表企业亲切和真诚的形象，满足旅客对礼貌、尊重的要求。

微笑是航空服务人员的职业素养礼仪之一，航空服务人员正确微笑的基本原则如下。

第一，微笑原则。在与旅客目光接触的时候，首先向旅客微笑，然后再开口说话表示欢迎，主动创造一个友好、热情的气氛。

第二，自然大方微笑原则。要神态自然、热情适度，最好表现为目光有神、眉开眼笑，这样才显得亲切、真诚、温暖、大方。

第三，眼中含笑原则。脸上有笑，眼睛更要会笑，而这一切要源自内心的微笑。

第四，真诚微笑原则。这种微笑应该是自内心发出的，表现出对旅客的尊重、理解。

第五，健康微笑原则。这种微笑应该是健康、爽朗的。

第六，礼貌微笑原则。这种微笑像春风化雨，滋润旅客的心田。一个懂得礼貌的航空服务人员，会将微笑当作礼物，慷慨地赠予旅客。

第七，时机和维持原则。在目光与旅客接触的瞬间，就要目视旅客启动微笑。微笑的最佳时间不超过 3 秒为宜，微笑的启动和收拢动作要自然。

第八，一视同仁原则。无论是外宾内宾、本地旅客或外地旅客、男旅客或女旅客，都要同等对待，一律持之以微笑，不能以貌取人。

第九，天天微笑原则。把微笑当成一种习惯，有了良好的微笑习惯，才能让微笑服务进入新的境界。

微笑服务是航空服务人员的职业素养礼仪，航空服务人员开展服务工作的基本职责，是航空服务人员维护企业形象、声誉的内在要求，是航空服务人员爱岗敬业、旅客至上的职业价值理念、理想的具体表现，是航空服务人员自信、文明、有涵养的内在特质在工作中的外显和个性形象的最佳体现途径。

航空服务人员的微笑是对旅客亲切的问候语。旅客光临，微笑是永恒的欢迎曲；旅客离去，微笑是温馨的告别辞；工作中出现小差错，微笑是真诚的道歉词。航空服务人员要善于运用微笑服务来打动旅客、赢得旅客。

二、舒心的问候

问候是人与人见面时的关心和问询。问候是否得当是非常重要的。如果能够迅速、积极地表达出自己的诚意和心意，就可以在最初接触时给旅客留下一个好的印象。

舒心的问候是航空服务人员的职业素养礼仪。航空服务人员问候要积极、主动、热情。向旅客问候时一定要积极主动，不要等待旅客先问候自己，而应主动地打招呼。一般来说，先打招呼的人会在后面谈话交流和服务中掌握主动权。随着旅客的走动、接听电话等，有可能会错过问候的时机。因此，为了不陷入被动，应先主动打招呼。如果旅客先打招呼了，也一定要反过来问候旅客。航空服务人员问候时声音要清晰、洪亮且柔和。在早晨、午后、傍晚等旅客神经尚未完全兴奋时，大声地问候会使旅客感到振奋，有利于服务气氛的开朗、活跃。航空服务人员问候的方式要符合旅客的情况。问候时要根据旅客的年龄、性别、身份、场合等因素选取恰当的方式，切忌千篇一律。航空服务人员问候时的正确姿态是要注视旅客的眼睛，将双手自然交叉于身前。最佳姿势是一度鞠躬，即上身倾斜角度为 15°，表示点头致意；问候长者或者重要旅客时，应该二度鞠躬（上身倾斜角度为30°），表示向旅客敬礼；向旅客道歉时，多用三度鞠躬（上身倾斜角度为45°），表示向旅客深度敬礼。

航空服务人员鞠躬问候时应注意的问题如下：首先，身体向前，腰部下弯，头、颈、背成一条直线，视线随着身体的移动而移动；其次，鞠躬时要挺胸、抬头、收腹，自腰以上向前倾；再次，鞠躬时抬起的速度要比下腰时稍慢一些；最后，上身向下弯时，要先看对方的眼睛，然后再看对方的脚；抬身后，再次注视对方的眼睛。千万不要看自己的脚或者低垂头部，那样就像低头认罪，是一种难看的姿态。

航空服务人员要将亲切的问候常挂在嘴边，问候常用的尊称敬语如下：

第一，令：美好之意。问候旅客父亲、母亲、儿子、女儿、哥哥、妹妹时，可用令尊、令堂、令郎、令爱、令兄、令妹等。

第二，贤：贤内助、贤兄、贤弟、贤婿、贤侄等。不可称"贤父"。

第三，尊：尊容、尊言、尊意、尊口、尊兄、尊大人、尊夫人等。

第四，贵：贵姓、贵庚、贵地、贵体、贵校、贵厂、贵公司、贵先生等。

第五，高：高寿、高见、高明等。

第六，芳：芳龄、芳名、芳容等，多用于尊重女性。

第七，常用的称呼有您、君、先生、女士、小姐、阁下等。

第八，请：着重向旅客表示尊重和敬意。在敬语中，"请"的功能较强，航空服务过程中，"请"必不可少，如"请""有请""请教""请用茶""请笑纳""请左拐上楼""请批评""请就位""请指教"等。

三、雅洁的仪表

在人际交往的最初阶段，往往最能引起对方注意的就是人的仪表，航空服务人员的仪表不仅意味着对自我价值的肯定，还表明了积极生活的态度，给人更多的自信和尊严。雅洁的仪表是航空服务人员的职业素养礼仪之一，因此航空服务人员应该做到以下几点。

第一，仪表要整洁。整洁能给旅客以清新、健康的印象。女航空服务人员要在化妆上多下功夫，因为化妆可以掩饰缺点，突出优点。

第二，仪表要高雅。风度是人的内在气质的自然流露。要想拥有高雅的风度，需要长时间的磨炼和积累。

第三，仪表要朴素。接待旅客也是相当重要的。如果航空服务人员身着比旅客还要华丽的服装，会让旅客怎么想呢？要牢记住，工作期间不可穿过于奢华的服装或戴过于贵重的首饰。

四、诚恳的态度

接待旅客时，给旅客的第一印象是非常重要的。而对于究竟给旅客留下何种印象起决定作用的"态度"，则主要是通过内心情绪和外在动作表现出来的。诚恳的态度是航空服务人员的职业素养礼仪之一，因此航空服务人员应该做到以下几点。

第一，真诚地欢迎旅客。良好的姿势不仅能表现出优雅的气质，还能给旅客以舒适感和信赖感。

第二，用明朗的心情感染旅客。作为一名航空服务人员，即使有不高兴的事，也应忍耐，要将明朗、快乐带给周围的人。这样，在某种程度上也会减轻自己的不快。要有热情，全身心满腔热情地为旅客服务。

第三，学会体谅旅客。无论何时，都应站在旅客的立场来考虑问题。

第四，善于控制自己的情绪和言行。工作时不要因心情不好而怠慢了旅客，应当控制自己的情感，以一种平稳的心态与旅客接触。要面对着旅客，切不可将后背朝向旅客。因为这样才能迅速、准确地把握住旅客的反应，旅客也能看清自己的表情。航空服务人员只有外在的美是远远不够的，还应精通业务，加强对旅客需求、心理的研究，从不同的角度努力培养、提高自己的服务意识，使自己的仪表、风度、心灵、语言、情绪、知识和技能符合"美的规律"。服务工作是很琐碎的工作，需要航空服务人员勤勤恳恳地去做，要始终心中装着旅客，保持微笑式的服务。良好的服务意识，雅致、得体的动作和姿态，细心、周到的关注，再加上航空服务人员动人而温暖的微笑，会让旅客感受到一份独特而温馨的美丽。

第三节 航空服务人员仪容仪表礼仪

仪容是指一个人的外貌特征，主要包括人的发型、容貌与体型等方面。其中，容貌是仪容的主要部分。在人际交往中，人们会重点关注交往对象的仪容，同时仪容也会影响对方对自己的整体评价。

仪表简单来说就是指人的外表，主要包括人的容貌、风度、姿态、服饰与个人卫生方面，仪表能体现出一个人的精神面貌。

一个天生丽质容貌的人，如果不在意、不珍惜仪容，那么即使这个人美艳绝伦，也会因容貌不整洁而失去原有的光彩与魅力。尽管仪表通常是指外表，但它能够表达无声的信息，反映一个人的教养、性格等。只有仪表得体端庄、充满美感和整洁大方，才能让自己感到自信，让别人感到尊重。在初次交际时，出色的外貌印象有助于在他人心中留下深刻的印象，从而提升自己的社交形象。因此，航空服务人员的仪容仪表不只是要表现个人形象，更重要的是要展示整个国家或民族的道德水准、文明程度、文化修养、精神面貌和生活水平。

航空服务人员美丽、端庄、大方的外表可以给人们留下深刻的形象特征。那么作为一名合格的航空服务人员，怎样才能形成自己的形象特征呢？首先，航空服务人员的专业化形象是在日常的生活中逐渐学习和养成的，不能指望上几天课，就会将自己培养成一名气质出众的航空服务人员。其次，学习礼仪的目标是塑造航空服务人员的形象，展现其专业素质。这里的内容可以分为两个方面，即外在和内在。内在方面包括提高个人素质和心灵美。外在方面包括仪容仪表与语言行为等。外在形象能够体现内在素质，因此只有通过提高个人修养，才能实现内外兼修，真正树立航空服务人员的良好形象。航空服务人员的形象和礼仪不仅关系着航空公司的形象，而且代表着国家、民族的对外形象。

一、航空服务人员发型

注重仪容仪表是航空服务人员的一项基本素质。航空服务人员的仪容仪表反映了航空公司的管理水平和服务水平。注重仪容仪表是为了满足旅客的需要。注重仪容仪表礼仪反映了航空服务人员的自尊自爱,尤其是航空服务人员的发型,对航空服务人员的仪容礼仪起到了关键作用。

头发是人体的制高点,是别人第一眼关注的地方,所以在社交场合,个人形象的塑造一定要"从头做起"。在外貌方面,最先引起关注的就是头发。通常来说,发型的美丑并非关键,重要的是要保持优雅,而对于男女来说,保持清洁更加至关重要。只有与自身气质相契合的发型才是最重要的。发型的选择不仅要考虑自身的因素,同时也要与职业相符合。无论选择哪种发型,头发都应该保持干净、有光泽、没有头皮屑。无论何种发型,都需要梳理得整整齐齐,并使用发胶、摩丝来固定,不能让头发看起来乱糟糟的。

作为航空服务人员,对于头发的要求也颇为严格。无论男女均要求做到以下几点。

第一,保持头发清洁。要勤洗发,使自己的头发保持清洁卫生,做到不能有味、不能出油、不能有头皮屑。在出门前,摘下帽子时,或其他必要时间,对头发进行梳理,使其整齐。头发要常修剪,尤其是短发,每月应修剪1~2次,留长发的女士应将枯黄、分叉的发梢剪掉,以保持头发的美观。梳理头发时要注意,不当众梳头,不直接用手梳头,不乱扔梳下来的头发和头皮屑。

第二,发型得体。在保证头发整齐的同时,应根据自己的脸型、体型、年龄、发质和气质选择与自己的职业和个性相符合的发型,以增强人体的美感。例如,脸型较圆的人,由于五官在面部较为集中,同时额头与下巴偏短,因此可以选择垂直向下的发型;脸型较方的人,由于两腮突出,面部轮廓较平,因此可以选择以圆为主的发型,从而使整个脸部显得柔和一些;脸型较长的人应重在抑"长",可适当在头的两侧增加发量,削出发式的层次感。总的来说,男士的发型应给人以得体、整齐和略显成熟、稳重的感觉;女士的发型应清秀典雅,给人以持重、干练、成熟的感觉。

第三,护发及适度美发。要拥有健康美丽的头发,护发、养发是关键。在日常生活中要注意:避免头发接触强碱或强酸性物质,并应尽量防止长时间暴晒;多吃富含碘、蛋白质、维生素和微量元素的食物,尤其是要多吃核桃之类的坚果和黑芝麻之类的"黑色食品";应根据自己的发质选择适合的护发用品;清洁头发时不要使用过热的水,以免头发失去光泽;也不要用坚硬的指甲用力抓挠头皮,以免产生头屑。美发应得体适度。如果出现白发，可以根据自己的肤色把头发染成需要的颜色（一般黑色比较符合中国人的审美习惯），不能为了追赶时髦，把头发染得五颜六色。烫发应慎重，不要将头发烫得过于繁乱、华丽、美艳。恰到好处的发型可以烘托出人的外在形象美和个性气质美，从而塑造出优雅的气质和良好的风度。航空服务人员在进行个人头发修饰时，除要恪守对于常人的一般性要求，依照自己的审美习惯和自身特点对自己的头发进行清洁、修剪、保养和美化以外，还要依照航空服务人员的工作性质、工作规范进行头发修饰。

（一）男性航空服务人员发型

1. 发型庄重

在发型的选择上，男性航空服务人员应该有意识地选择符合庄重而保守的整体风格。这样才能符合航空服务人员的身份，才能得到旅客的信任。要注意的是，男性航空服务人员的发型选择不要因想彰显个人特点而选择过于前卫的发型。

2. 剪短头发

剪短头发时，应该做到前发不覆额、侧发不掩耳、后发不触领。"前发不覆额"的含义是要求面前的头发不要遮挡眼睛，不能留有长头发。"侧发不掩耳"的意思是不要让侧面的头发遮挡住耳朵，具体来说，就是不要让两侧的鬓角超过耳垂的位置，不能留长鬓角。"后发不触领"顾名思义是要注意避免头发长到与衬衫领子碰撞，以免污染白色衬衣的领部。若想保持短发，最好按照头发生长的速度每两周理发一次。男性航空服务人员只允许将头发染成黑色，不允许染成任何其他颜色。

（二）女性航空服务人员发型

1. 发型朴素

女性航空服务人员的发型选择，要与航空服务人员这一身份特征相符合，要符合航空服务这一行业的共同要求。

2. 长短适中

女性航空服务人员留短发时，不能留有奇特、怪异的发型。短发的长度不能超过衣领，两侧的头发也不能过长，以干净、利落为宜，同时刘海的长度不能遮盖眉毛与眼睛。

女性航空服务人员短发不能选择奇异的发型，如爆炸式、翻翘式、超短式等。女性航空服务人员的头发可以卷也可以是直的，但要注意发型不能奇特，并且头发的长度不能短于2寸，还要满足前不遮眉与面部、后不超过衬衣领子的底线。如果是长发的话，禁止螺旋式、马尾辫式和留有鬓角，如果要将长发盘起，盘起的高度要适中，不能过高或过低。发饰只能选择公司统一配发的样式，不能佩戴其他彩色的发饰，可以用黑色发卡固定头发。正常情况下，2～3天洗一次头，油性头发应该坚持每天清洗。

如果是长发，应将长发整齐梳起来，一丝不乱，前不遮眉，露出双耳（图4-3-1）。将头发统一盘在脑后，如果公司有统一配发的头饰，可以佩戴；若没有，则不用佩戴任何头饰。从人的脸型特征来说，脸型较长的人不适合高盘发，因为高盘发在视觉上会增加头部的高度，进一步拉长了脸型，所以，脸型较长的人适合低盘发型。

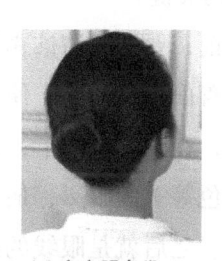

(a) 大光明盘发　　(b) 法式盘发

图4-3-1　长发

对于身高较高的人来说，最好选择低盘发型；对于身高较矮的人，最好选择高盘发型，避免选择低盘发型或不等式、偏重式的发型。发量较少的人，可以佩戴颜色适中的假发，再将头发盘起来，带上头花，这样可以让头发看起来更丰盈。短发要干净、利落，无凌乱。无论长发、短发，除黑色之外，女性航空服务人员不准染其他颜色的头发。

二、航空服务人员面部妆容

化妆是生活中的一门艺术。适度而得体的化妆，可以体现女士端庄、美丽温柔、大方的独特气质。女士在商务和社交生活中，以化妆品及艺术描绘手法来装扮自己，可以达到振奋精神和尊重他人的目的。化妆有助于表现女性航空服务人员的自尊自爱，同时也是女性航空服务人员仪容礼仪的充分展现。

女性航空服务人员在工作中化妆，不仅是对他人的一种尊重，同时也是对个人形象的重视与维护。化妆能够将女性航空服务人员的最佳精神面貌展现给旅客，同时也能体现出女性航空服务人员爱岗敬业的精神。一个人只有对自己的工作充满热情，同时尊重和重视交往对象，才会努力塑造自己的形象。化妆可以凸显女性航空服务人员接受过专业训练。对那些在一线工作的女性航空服务人员而言，她们在工作中需要化淡妆，并且妆容的要求应该与制服相符合。化妆时，妆容应该以淡雅、清新、自然为宜，不能化与工作不相符合的妆容，如浓重的眼妆。女性航空服务人员如果化出的妆容能够与制服相符合，将更容易给旅客留下良好的印象。化妆的重点是创造出自然、明亮和高雅的氛围，因此，女性航空服务人员更加适合化淡妆。另外，妆容应当是健康、端庄的，不能过于妖艳。简而言之，一个出色的妆容是为乘客留下良好形象的关键。

有些简单的化妆技巧：在开始化妆前，要先用清洁霜清洗皮肤。做好保湿工作，之后用粉底霜打底，这一步主要改善面部的肤色，使之更加均衡。然后就是化眼妆，在化眼妆时，应先从眼睑开始，在眼皮折线下，由内眼角向外眼角涂眼影粉，要使用温和色彩（如淡紫色、棕色等）的眼影，最后用眼影刷将涂好的眼影边缘晕染一下，使之看起来更加柔和。之后就是眼线的画法，选用与整体妆容相适合的眼线笔颜色，在睫毛根处勾画出流畅的眼线。之后就是画眉毛，眉笔的颜色以和发色相协调的颜色为最佳。画眉毛时，要注意重点画眉毛的后半部分，前半部分稍微带过一下，不要将眉毛画得过于浓重，以免与妆容不匹配，画好之后，用眉刷将眉毛梳理整齐，把眉毛的边缘刷开一些。然后就是刷睫毛，可以选用棕色或黑色的睫毛膏，先将睫毛夹翘，然后用睫毛膏从睫毛根部开始刷起，注意要按照"Z"字形的手法刷睫毛。然后就是涂腮红，涂腮红的范围就是人们在笑起来时，双颊高起的部位，从这一范围开始，向眼角涂去，注意涂腮红时，手法要轻，应淡淡的涂在双颊处，以免腮红过重，与妆容看起来不相协调。需要注意一点，腮红的颜色选择，应与眼影的颜色或妆容的整体的色调相统一，这样才会起到画龙点睛的效果。最后一步就是涂口红，口红不能选择过于鲜红的颜色，要与整体妆容的色调相统一。在飞行过程中，航空服务人员要注意补妆，从而始终给旅客一种饱满的精神状态。

女性航空服务人员想要将仪容礼仪充分展现出来,就应该学会化面部妆容。

三、航空服务人员着装

每家航空公司都有属于自己的制服,并且制服还是经过精心挑选与制作的,无论从色彩、款式还是质量方面都是极为上乘的。航空服务人员一旦穿上制服后,就能反映出良好的职业形象与精神面貌,同时也是航空服务人员仪表礼仪的充分展现。

制服能将航空公司的形象反映出来。航空服务人员的一言一行都代表着公司的形象。因此,航空服务人员在身穿制服时,要时刻注意自己的言行举止与仪容仪表,使得自己的形象与行为符合制服所希望展现的形象。

航空公司的制服仅适用于工作或其他指定场合,不能在其他场合穿着。由于航空公司的制服是经过精心设计与特殊设计的,因此不能随意对制服进行修改。如果因体重需要修改制服,则应当将制服交到公司指定的裁缝店进行修改。在工作结束之后,要及时清洗制服,注意要干洗,不能机洗与手洗,从而避免由清洗手法不当而引起褪色等。在每次工作之前,都应该将制服熨烫平整,不能穿着褶皱的制服工作。

另外,还要注意制服是否有油污或损坏,如果出现这一情况,则应该及时将制服送去缝补与清洗。航空服务人员在工作区域中,要注意着装大方,不能将工作服与便装混穿。在执行飞行任务时,航空服务人员可以根据天气变化、航班所飞地区的季节与个人身体素质等因素变换着装,但要注意,应该是同一航班乘务组一同进行变换,以保持工作服装的统一,女性航空服务人员需要统一身穿裙装。在迎送客阶段,女性航空服务人员可以身穿马甲或大衣。航空服务人员的皮鞋应该保持干净,并且没有破损,在空中飞行任务中,航空服务人员应该穿单皮鞋、平底鞋,从而便于为旅客提供服务。身穿制服时需要将纽扣扣好。登机证的佩戴应该在衣服的最外层,不可将其遮盖,在上机后,需要将登机证摘下并保存好。上机后应该佩戴服务牌,服务牌的佩戴应该在制服的左上侧,或者佩戴在衬衣和围裙的左上侧。

航空服务人员由于是为旅客提供高层次服务的人员,因此,航空服务人员的着装应该要统一规范。当航空服务人员身穿制服时，不仅容易让旅客从人群中辨认出，并且还可以为旅客带来信任感与安全感。同时，航空服务人员身穿制服，会让航空服务人员产生高度的责任感与荣誉感。此外，佩戴胸牌也有助于加强身份特征的显示，发挥出制服具有的独特作用。航空服务人员身穿制服时需遵守以下几点要求。

（一）合体

①制服穿着忌乱，必须合体。

②讲究"四长"，即袖至手腕、衣至虎口、裤至脚面、裙到膝盖。

③讲究"四围"，即领围以插入一指大小为宜，上衣的胸围、腰围及裤裙的臀围以穿一套羊毛衣裤的松紧为宜。

（二）规范

1. 女性航空服务人员穿着制服要求

当女性航空服务人员穿着制服时，需要将衬衣下摆扎进裙子或裤子里，并且必须将纽扣扣好。如果配有帽子，在戴帽子时，应将帽檐位置放在眉毛上方1～2个手指的位置。穿上大衣时需将纽扣和腰带系好。在登机时，应将登机证别在衬衣、制服、风衣等胸前，待上机后即可摘下。胸牌佩戴的位置应在制服的左上侧。在提供餐饮服务时，应穿戴围裙，并注意保持围裙的清洁与整洁。

2. 男性航空服务人员穿着制服要求

男性航空服务人员在身穿制服时，应将纽扣系好，注意不能将袖口、裤腿挽起，也不可袒胸露背。男性航空服务人员在穿制服时，应佩戴领带与肩章，领带的系法如图4-3-2所示。身穿制服时应得体，在执行航班任务前，应将制服熨烫平整，保持制服是干净与平整的。身穿衬衣时，要将衬衣系入裤子中。在身穿制服、风衣、大衣或衬衣时，应佩戴帽子，同时也应将纽扣扣好，将腰带系好。在空中服务时，可以身穿马甲。男性航空服务人员与女性航空服务人员在佩戴胸牌时，佩戴的位置是一致的，都在制服的左上侧，并且登机牌的佩戴位置也是相同的，都要在上机后，将登机牌摘下并保存好。

(a) 四手结

(b) 简式结

(c) 浪漫结

图 4-3-2 领带的系法

第四节 航空服务人员仪态礼仪

仪态是指一个人在人际交往中的姿势和风度。姿势是指身体呈现的样子，风度则属于气质方面的表露。仪态与语言文字一样，同样能向旅客表达思想感情。我们可以从一个人的仪态来判断他的品格、学识、能力和其他方面的修养。在航空服务业，这种无声的体态语言更为重要，它实质上是航空服务人员心理状态的自然流露，是高尚的品质情操、广博的学识、独到的思辨能力等内在因素的综合体现。

航空服务人员的仪态主要是指他们在工作中的站姿、行走、姿态、动作等行为。航空服务人员站姿应该是笔直的，并且两肩不能出现一高一低的情况，这种挺直的姿态，可以给旅客留下良好的印象。航空服务人员的行走姿态要轻、稳、灵活，不可行走慌张，以免引起旅客的慌张与不安的情绪。坐姿应该是稳的，在坐下后，身体可以稍向前倾，表达出对旅客尊重的感觉，同时也注意手脚的空间位置。

航空服务人员的仪态礼仪是他们态度与内心的外在表现，能够将航空服务人员的文明程度与心理状态反映出来。旅客在评价航空服务人员与航空公司的面貌时，离不开对航空服务人员的仪态礼仪的观察，这是一个十分重要的参考因素。

当航空服务人员的行为得体、热情有礼时，就能够在与旅客交往的过程中传递一种积极的情感，引发旅客的好感和喜欢，赢得他们的理解和信任，从而树立企业良好的形象，提升航空公司的整体竞争力。航空服务人员的仪态礼仪应适合职业特点，展现成熟大方的气质。

一、站姿和走姿

（一）站姿

1. 男性航空服务人员站姿

俗话说"站如松"，男性航空服务人员站立姿势要像青松一样挺拔、直立。站立时要做到"三平"和"三直"。

三平：头平、双肩平、两眼平视。

三直：腰直，腿直，后脑勺、背、臀、脚后跟成一条直线。

双脚与肩膀同宽，身体重心主要支撑在脚掌、脚弓上，不要偏移。膝盖自然挺直，小腿向后发力。手指并拢，双臂自然下垂，两脚并拢呈标准立正姿势，或者将双脚分开与肩同宽，也可呈"V"字形。站立时双手相握放在身后，一手半握拳，另一只手握其手腕处。

2. 女性航空服务人员站姿

女性航空服务人员的站姿要保持身体挺拔、站姿笔直、双脚跟相互贴合。在身穿制服或正装时，可以呈"V"字步站立，两脚跟相靠，脚尖分开45°～60°。在站立时，应该保持头部是正的，双眼正视前方，面带微笑。同时要保持挺胸抬头、提臀收腹，肩膀也要舒展开，不能扣肩，眼睛平视前方。四指并拢，虎口张开，右手放在左手上，虎口交叉，将双手放置于腹前。

如果身穿旗袍，可以呈丁字步站立，即一脚的脚后跟紧贴另一脚的脚窝处，两脚尖朝斜前方，注意脚尖不可呈正前方。站立时，下巴微收，双手交叉放置于肚脐位置上，能够展现出优美、亭亭玉立的形象。如果站立时间过长，可以将一条腿向前或向后半步，以便让身体重心能够轮换在双腿之间，从而减轻疲劳感。

除此之外，在站立时也忌讳扶靠、双腿交叉、半坐半立、浑身乱动等。这些不良站姿不但会使人显得拘谨、有失庄重，还会给人以缺乏自信和没有经验的感觉。

综上所述，站立时，身体要适当放松，如果全身都处于紧绷状态，会给人一种局促感，站立的姿态也会不雅观。注意站立时要挺胸抬头，肩膀下沉，呼吸要自然均匀。站立要以标准站姿的形体感觉为基础，如果没有正确站姿的基础，变换姿态也不会美，所以要注意纠正形态上的不标准姿态。站立时要面带微笑，规范的站姿与热情的微笑相结合。

女性航空服务人员的站姿要体现在工作中，使自身的仪态举止养成好的习惯。

（二）走姿

1. 男性航空服务人员走姿

男性航空服务人员走姿的基本要求是从容、稳健。具体要求如下。

①头端：双目平视，下颌微收，表情平和。

②躯挺：上身挺直，挺胸、收腹、立腰，重心稍前倾。

③肩稳：双肩微向后展，行走时两肩不要前后晃动，也不要过于僵硬。

④手臂自然摆动：手臂伸直放松，手指微弯，双臂以身为轴，前后摆动幅度为30°～35°。

⑤膝盖直：前足着地和后足离地时，膝部不能弯曲。

⑥步位正：脚尖正对前方，两脚内侧落在一条直线上。

⑦步幅适当：前脚与后脚尖相距为一脚长，但因身高不同有一定差距。通常，男士步幅以一脚半为宜。

⑧步速均匀：正常情况下，步幅应自然舒缓，显得成熟、自信。

2. 女性航空服务人员走姿

女性航空服务人员走姿的基本要点是身体协调、姿态优美、步伐从容、步态平稳、步幅适中、步速均匀、走成直线。

女性航空服务人员走姿的基本要求：在标准站姿的基础上迈步前行，收腹、收臀、提气，目视前方，行走时脚内侧在同一直线上，双肩自然摆动，步履要小、轻，脚步不可过重、过大、过急（紧急情况除外），不要左右摇晃。

①重心放准。起步之时，上身要略微前倾，身体重心在前脚掌上；行走时，

要上身正直，头部端正，双目平视前方，挺胸立腰，重心稍向前倾，面带微笑。

②步幅适中。行走时，双肩要平稳，双臂以肩关节为轴，前后自然摆动，摆动幅度以 30~40 cm 或 30° 为宜。每一步应与自己的一脚长度相近，每步约为 30 cm，与此同时，步子的大小还应当大体保持一致。

③步态平稳。行走时，应该按照一字步行走，即两脚的行走轨迹应该是一条直线或者尽量向一条直线靠近，这种姿势可以使女性航空服务人员的腰部和臀部自然地摆动，从而显得更加优美。要注意，行走时不能走出两条直线的轨迹，否则会很不雅观。另外，行走时步态应该优雅自然，轻盈流畅，步伐平稳，平衡感强，同时要注意步速的协调和整体的节奏美感。

④步速均匀。行走时，一般应当使步速相对稳定，较为均匀，而不宜使之过快或过慢，或者忽快忽慢。

⑤造型优美。行走时，要保持自己优美的身体造型，这就要求女性航空服务人员在行走时要保持昂首挺胸。其中最重要的一点是，女性航空服务人员在行走时，双眼要目视前方，挺胸抬头，收腹提臀，这样才能给人一种挺拔、有精神的感觉。

二、坐姿和蹲姿

（一）坐姿

1. 男性航空服务人员坐姿

男性航空服务人员坐姿的基本要求：上体自然坐直，两肩放松，两腿自然弯曲，双脚平落地上，不要耷拉肩膀，含胸驼背，前俯后仰，给人萎靡不振的感觉。双膝应并拢，也可双膝稍稍分开，但不可与肩同宽。双手五指伸直或轻握拳头放在双腿上。常用坐姿如下。

①标准式：上身挺直，双肩正平，两手自然放在两腿或扶手上，双膝并拢，小腿垂直落于地面，两脚自然分开成 45°。

②前伸式：在标准式的基础上，两小腿前伸一脚的长度，左脚向前半脚，脚尖不要翘起。

③前交叉式：在标准式的基础上，小腿前伸，两脚踝部交叉。

④屈直式：在标准式的基础上，左小腿回屈，前脚掌着地，右脚前伸，双膝并拢。

⑤斜身交叉式：在标准式的基础上，两小腿交叉向左斜出，上体向右倾。

⑥重叠式：右腿叠在左膝上部，右小腿内收贴向左腿，脚尖下点。

2. 女性航空服务人员坐姿

女性航空服务人员入座时要轻而缓，走到座位面前转身，轻稳地坐下。女性航空服务人员入座时，若是裙装，应用手将裙摆向下捋平再坐，不要坐下后再站起整理衣服。坐下后，上身保持挺直，头部端正，目光平视前方。坐稳后，身子一般只占座位的2/3。双手放在左腿或右腿上，双膝并拢，任何时候都不能分开。一般情况下，不要靠背，休息时可轻轻靠背。常用坐姿如下。

①标准式：坐下后保持上身挺直，肩膀放平，手臂自然弯曲，将双手交叉叠放在两条腿之间，并靠近小腹。将两膝紧贴在一起，让小腿与地面呈垂直状，同时双脚朝向正前方。当女性航空服务人员穿着裙装坐下时，为了避免裙摆被压出皱痕或者裙子翻折露出大腿，在落座时，应该双手轻抚裙摆将其向内收拢。

②前伸式：主要是在标准式的基础上，将双腿向前伸出大约一脚的距离，注意脚尖不要翘起。

③前交叉式：在前伸式坐姿的基础上，右脚后缩，左脚交叉，两踝关节重叠，两脚尖着地。

④屈直式：右脚前伸，左小腿屈回，大腿靠紧，两脚前脚掌着地，并在一条直线上。

⑤后点式：两小腿后屈，脚尖着地，双膝并拢。

⑥侧点式：同样是在标准式的基础上，将双腿向左斜出半步的距离，左脚尖点地，右脚掌着地，同时右脚跟紧贴在左脚内侧。头和身体也应该向左倾斜。双膝同样也是并拢的状态，但要注意，大腿与小腿的角度应该是90°。

⑦侧挂式：在侧点式基础上，左小腿后屈，脚绷直，脚掌内侧着地，右脚提起，用脚面贴住左踝，膝和小腿并拢，上身右转。

⑧重叠式：重叠式也叫"二郎腿"或"标准式架腿"等。在标准式坐姿的基础上，腿向前，一条腿提起，腿窝落在另一腿的膝关节上边。要注意上边的腿向里收，贴住另一腿，脚尖向下。

（二）蹲姿

在日常生活中，当人们拿取、捡拾低处物品时，往往需要采用蹲姿。但是很多人却因不雅的蹲姿而破坏了个人形象，同时也令旁观者感到尴尬。航空服务人员下蹲时注意两腿靠近，臀部始终向下。如果旁边站有他人，尽量使身体的侧面对着别人，保持头、胸和膝关节自然、大方、得体。常见的蹲姿如下。

①高低式：下蹲时，在标准站立的基础上，右脚后撤一步，身体垂直下蹲。下蹲后，左脚是全脚掌着地，并且小腿几乎与地面是垂直的，而右脚则需要踮起脚跟，脚尖着地。右膝盖要低于左膝盖，形成左膝高右膝低的姿态，同时右膝内侧应该尽量靠近左小腿的内侧。

②交叉式：下蹲时右脚在前，左脚在后，右小腿基本垂直于地面，全脚着地。左腿在后与右腿交叉重叠，左膝由后面伸向右侧，左脚跟抬起，脚掌着地。两腿前后靠紧，合力支撑身体。臀部向下，上身稍前倾。

男性航空服务人员和女性航空服务人员均双脚一前一后，双膝一高一低，女性航空服务人员双腿应尽量靠紧，男性航空服务人员双腿可以微分。

第一，在原立式站姿的基础上，后撤一只脚，上身保持直立，自然下蹲。女性航空服务人员如果着裙装，在下蹲时需先抚裙。

第二，下蹲后，女性航空服务人员双手重叠放于高的膝盖上面。男性航空服务人员双手自然放于双膝上面。

三、手势

手势，又叫手姿。手势通过手和手指活动传递信息，是人们日常交往和生活中不可缺少的动作。手势是一种非常富有表现力的体态语言，它不仅对口头语言起加强、说明、解释等辅助作用，而且还能表达有些口头语言所无法表达的内容和情绪，是最有表现力的体态语言。

（一）常见手势动作

1. 致意、告别

当双方距离很近时，航空服务人员手势要小，五指自然并拢，抬起小臂挥一挥即可；当双方距离较远时，航空服务人员可适当加大手势幅度。

2. 递物与接物

在日常生活中，难免不了会有递物与接物的行为出现，关于递物与接物的手势动作也是很有讲究的。航空服务人员在进行这一动作时，要注意双手递物或接物，并且手指应该是并拢的，这样才能表现出尊敬与敬重的态度。另外，在接递物品时，双臂应该夹紧，自然地将双手伸出。

在工作中，航空服务人员只要是拿东西或物品时，都应该轻拿轻放，切忌随意扔出或乱丢。在给旅客东西时，应该轻轻地用双手送给旅客。在接物品时，应当点头致意或道谢。

（1）递书、资料、文件

①在递文件、资料时，无论其页数有多少，哪怕只有一页，航空服务人员也应该双手递上，同时还应该将物品的正面面向旅客，便于旅客能够看清其内容。

②在接文件、资料时，也要用双手去接。注意手不能低于腰部，也不能从腰部落下来。

（2）递送剪刀利器等尖锐物品

为方便旅客拿取剪刀或小刀，应该将它们的把手递给旅客。如果乘务员再用另一只手来辅助递送刀具，则会更加彰显其对旅客的礼貌和尊重。而对于那些小巧精致的物品，比如别针，可以将其放置在纸上或固定在上面，这样既方便旅客拿取，又会让人感到亲切。同时，还要注意递笔时，笔尖不可以指向旅客。将带尖、带刃或其他易于伤人的物品递于他人时，切勿以尖、刃直指对方。

3. 展示

一是航空服务人员将物品举至高于双眼之处，这适于被人围观时采用；二是航空服务人员将物品举至上不过眼部、下不过胸部的区域，这适用于让他人看清展示之物。

4. 指引

航空服务人员在工作中手势运用要规范和适度，在引路、指示方位时应五指并拢，手心微斜，用手掌的全部来指示，掌心向上，小臂带动大臂，根据指示距离的远近调整手臂的高度，身体随着手的方向自然转动，目光与所指的方向一致，收回时手臂应略成弧线再收回。在做手势的同时，还要配合眼神、表情和其他姿态，这样才能显得大方。航空服务人员向旅客指示方向时，手掌要五指并拢。指示较近座位时，大臂和小臂呈 90°~120° 夹角；指示较远座位时，手臂伸直。注意切忌用单个食指指示方位。一般情况下，航空服务人员向旅客指示方向或物品位置时要面带微笑，视线顺序依次是旅客的眼睛、指示物或方向，然后回到旅客的眼睛，这样来确定旅客理解与否。

（二）手势动作注意事项

1. 遵守惯例

航空服务人员在使用手势动作时，有一定的习惯。比如，在任何情况下都不要用手指指点别人，那是极不礼貌的。在谈到自己的时候，可以用右手轻按自己的左胸，这样显得稳重可信。使用手势时，右侧用右手指示，左侧用左手指示，注意使用整个手掌，拇指自然地靠近内侧，其他四指并拢，目光望着对方的眼睛，然后移向所指方向。

因各国习惯不同，同一手势所表达的意思也不尽相同，因此，航空服务人员与外国人交往时不可乱用手势。比如，在我国竖起大拇指表示称赞夸奖；在欧洲一些国家，伸出拇指上挑可视作招呼出租车；在澳大利亚竖起大拇指尤其是横着伸出是一种侮辱动作。又如，OK 手势，即用拇指和食指组成一个圆圈，其余三指竖起，这在美国人眼中是好、顺利、平安之意；在日本则代表钱；在南美洲的一些国家，这是一种下流、侮辱性的手势。再如，在我国和日本当招呼别人过来时，可伸出手掌向下摆动，但在美国这是唤宠物（例如，狗）的手势，如果用来招呼人则会引起误解。

2. 避免手势动作幅度过大，过于夸张

在交谈中，航空服务人员借用手势来加强语气，帮助表达，但在运用中需注意把握得当，否则会引起对方反感。

3. 避免一些不雅的手势动作

如当众搔头皮、掏耳朵、挖鼻孔、剔牙、修指甲等。

第五节　航空服务人员日常社交礼仪

一、社交礼仪与人际交往

在日常的人际交往中，社交礼仪发挥着重要的作用，能够增强人与人之间的交流与联系。人要注重日常社交礼仪的充分应用，如果在人际交往过程中没有注重自身的礼仪，往往会引起他人的反感，导致产生不愉快的沟通与交流。

中国历史悠久，并且自古以来就十分重视社交礼仪，古代诸如《三字经》等经典文献就包含了众多关于社交礼仪的内容。现今社交礼仪已成为维系人际关系和谐的必需品，在社交和工作场合中，掌握一定的社交礼仪技巧是非常有必要的。

社交礼仪是指在社交场合中表现出的行为标准与交往规范，主要是通过人们的言谈举止表现出来的。人际关系的调整，离不开社交礼仪这一重要因素。遵守社交礼仪是建立和维护良好人际关系的重要方式。因此，人们需要对相关的社交礼仪基本概念进行全面的了解和掌握。现代社交礼仪的特点主要有四部分，一是社交礼仪具有普遍性，也就是说，无论是哪种场合或地区，在人际交往中都必须遵守社交礼仪。二是社交礼仪具有对象性，在与不同的人交际时，需要根据人际交往对象的不同而遵守个性化的社交礼仪。三是社交礼仪具有规范性，只有社交礼仪具有一定的规范性，并且有标准化的形式，才能获得社会的广泛认同。四是社交礼仪具有可操作性，在社交礼仪的运用过程中，需要不断明确具体化的操作模式。

（一）社交礼仪的功能

1. 实现信息交流与传递

在社交礼仪的发展过程中，实现信息的交流与传递是其时代发展的特点。人们在人际交往中应注重双向传递信息，要明确社交礼仪能够反映出一个人的内在素质与心态表现，同时还应该明确社交礼仪在人际交往中能够传递各种信息。在传递的过程中，这些信息潜移默化地被人接收和利用，成为相互认识和理解的重要交流方式。

在人际交往过程中，人们通过社交礼仪能够看出个体的外部与内在形象，从而在人们初次接触时留下第一印象，进而能够加强对认知对象的有效认识。在人们日常社交中的初次交流过程中，最初的印象往往取决于对交流对象外部信息和内容的感知。通常情况下，人们可以通过多种方式，如语言和行为，获取有关交流的信息。这些信息主要是通过行为的展示来传递的，同时还可以通过人际交流途径传达相关的信息和内容。

2. 实现情感有效交流

情感在促进人与人之间相互合作与交流方面发挥着重要的作用。在日常社交中，人们的交流与合作主要是通过表达情感来实现的。通过社交礼仪，人们能够分析对方的情感与心态，进而带来积极的情感体验。

3. 调整交流行为

通过日常社交礼仪可以有效地调整和规范人们的行为。随着时代的演变，符合时代价值的社交礼仪也在一直发展和衍化。以多样化的社交礼仪来规范人们的日常行为，有助于全面推动人类文明的有效发展，同时也有助于培养新时代的文明人。

（二）社交礼仪与人际交往的相互关系

人们可以通过社交礼仪获得一定的社会满足。人们在社交礼仪中通过信息与知识的有效交流与合作，可以增进双方之间的情感，加深友谊，从而能够塑造良好的交流形象。社交礼仪还可以帮助人们建立良好的工作关系。在我们日常的人际交往中，互相尊重是满足双方需求的重要前提。人们通过社交礼仪来构建有效的人际关系，可以在交流中获得更多的信心，并展现自己的价值和存在感。

为了让交流内容更加多样化与丰富化，社交礼仪必须与人际交往相互融合、相互促进。人们只有掌握并了解一定的社交礼仪，才能在人际交往中增进交流双方的人际交往体验，从而促进彼此的归属感和尊重感。

社交礼仪是推动社会文明进步的关键力量，它是人际交往和生产实践中不可或缺的一部分，可以反映人们的心理需求，这些需求主要包括知识和信息的互相交流、主动理解和共同建立友谊，以及促进自我形象的有效构建。在人际交往中，个人需要注重社交礼仪，以维持良好的合作关系和交流，进而获得社会认可，赢得他人的信任和支持。这有助于提高个人的声望和地位。此外，遵守社交礼仪还可以让人树立自信心和责任感，从而进一步反映出人际交往的重要性和意义。

在实际的工作和生活场景中，需要用一定的社交礼仪来规范不同的人际交往。合理规范人际交往，可以有效促进道德规范的实施。若想建立积极的人际关系，就必须在交往中彼此尊重，这样才能获得他人的尊重。因此，社交礼仪不仅能促进社会文明的进步，也能推动社会的发展。

（三）社交礼仪在人际交往中的重要性

首先，在人际交往中，只有有着良好的社交礼仪，才能促进信息在人际交往中的交流，才能实现信息的互通与传递。

其次，在人际交往中，良好的社交礼仪能够增进人们之间的情感交流。社交礼仪在人际交往中，能够形成一定的情绪体验。具体体现在两方面：一方面，良好的社交礼仪能够实现人们的相互交流与沟通，从而实现情感上的共鸣；另一方面，良好的社交礼仪能够促进双方实现共同吸引，从而有利于构建良好的社会人际关系。

最后，社会关系的建立离不开良好的社交礼仪。在日常人际交往中，良好的社交礼仪能够有效协调人与人之间的关系，促进彼此之间的交流联系。

二、航空服务人员日常生活社交礼仪

航空服务人员常用的社交礼仪有很多，如握手礼仪、鞠躬礼仪等。

（一）握手礼仪

握手是最普遍使用、最通用的问候礼仪。握手能够表达出多种含义，如致敬、亲近、友善、问候、分别、庆贺、感激和慰问等。握手不仅能让人感受到对方的情绪和意图，同时也可以推断出其个性特点和情感状况。有时候，握手比语言更能传递出人们的情感。

1. 握手礼仪次序

在航空服务行业中，行握手礼仪要遵守先后顺序，以此来表示对对方的尊重。握手的先后次序主要是根据握手双方的各种条件来确定的，如握手双方所处的社会地位、身份、性别以及其他相关因素。

两人握手时，握手的次序应该遵循上级、长辈、女性在先，下级、晚辈、男性和客人应该先问候对方，等对方伸出手后再伸手与其握手。要注意，在上级与长辈面前，切不可贸然先伸出手。如果握手双方的身份、年龄与职位相近，那么先伸手是一种礼貌行为。

一个人需要与多人握手时，要按照先上级、后下级，先长辈、后晚辈，先主人、后客人，先女性、后男性的次序握手。

如果对方忽略了握手的先后次序，先伸出手时，这时应该立即回握，以免发生尴尬的情况。

2. 握手礼仪的正确姿势

航空服务人员应当按照规范的握手礼仪方式进行操作。握手时，双方应该相距一步，身体前倾，向对方伸出右手，手指并拢，拇指打开，手掌与地面垂直相对。在握手时，可轻轻上下晃动一下，握手时间两三秒为最佳。在握手时，应该保持注视对方的眼神，微笑致意或者进行简单的打招呼和交流。

3. 握手礼的体态语

人们握手的方式各有不同，没有一种具体的标准样式。因此掌握一些常见的握手方式，能帮助航空服务人员通过握手来了解对方的性格、情感状况以及待人接物的基本态度等信息。此外，这也有助于我们在社交互动时，根据不同情境和对象，灵活运用各种具体的握手样式。

（1）谦恭式握手

谦恭式握手又称"乞讨式"握手、顺从型握手。这种握手的方式是在与对方握手时，掌心向上或者向左上的方向进行握手。一般情况下，采取这种方式握手的人，其性格较为软弱，难以坚定自己的立场，或者这类人比较平易近人，能与他人很好相处，又或者是他们为了表示对对方的尊重与敬仰而采用这种握手方式。

（2）支配式握手

支配式握手又称"控制式"握手，这种握手的方式是用掌心向下或向左下方向来握住对方的手。那些用这种方式握手的人，他们通常有着果敢、自信、办事不拖拉的优点，这类人只要是决定要做一件事，就会马上执行，有坚定的立场。通常在握手双方社会地位相差较大时，社会地位较高的一方会采用这种方式握手。

（3）无力型握手

无力型握手又称"死鱼式"握手，是指在握手时，伸出的手没有力度，让人感觉像握住了一条没有力气的死鱼一样。采用这种握手方式的人，可能是性格懦弱，也可能是对待世间万物没有热情，较为冷漠，又或者是态度十分消极傲慢。

（4）"手套式"握手

"手套式"握手是指在握手时，用双手握住对方的右手，像手套一样。一般情况下，采用这种握手方式的人，通常是为了表示对对方的尊敬与感激，同时也用于有事求于人的场景下。需要注意的是，这种方式不适合在双方初次见面时采用，同时也不适合只见过几次面的时候使用，以免引起误会。

（5）抓指尖握手

抓指尖握手是指在握手时，并不是通过两只手的虎口相接触来握手，而是有时会有意或无意地只捏住对方手指或手指尖的部分。为了彰显自身的矜持和稳重，女性与男性进行握手时，通常会采用这种方式。但如果是同性别之间这样的握手，就会显得有点冷淡与疏远。

此外，当对方用力地握住自己的手，并且边握手边摇动手臂时，这表明对方对自己的情感深厚而热情。如果对方握住自己的手，没有弯曲手指，仅仅是机械地随便握了一下，则可以说明对方对自己的情感十分冷漠。如果对方在自己说话时打断对话并且伸出手，这可能是暗示着他对话题不感兴趣，因此应该尽快结束谈话。

4. 握手礼仪的注意问题

①当航空服务人员行握手礼仪时，应该保持专注，避免分神转移注意力。

②在见面或告别时，不要倚靠在门框上握手，以免给人一种不尊敬的感觉。

③一般情况下，在行握手礼时，应该站立握手。坐立握手是十分失礼的行为。当对面是老弱病残这种情况时，对方可以坐着握手。

④如果是单手相握，为了表示对对方的尊重，左手不能放在口袋行握手礼。

⑤男性在行握手礼时，应避免戴帽和手套与他人握手。如果穿着制服，则可以不摘帽子，但是应该先行举手礼，然后再行握手礼。女性可以佩戴装饰性帽子与手套行握手礼。

⑥除非右手有残疾，否则不应该和他人握手时使用左手。如果自己的右手不

干净，在行握手礼时，应该亮出手掌并向对方说明情况，同时表达歉意。

⑦在握手时要保持握力均衡，与女性握手时一般可以象征性握一下，并注意保持稳健、热情和真诚的握手姿态。

⑧在握手时，不要争先恐后地去握对方的手，也不要以交叉的方式握手，而是等待对方握完手后再伸手进行握手。一般情况下，交叉相握是一种不礼貌的行为。

（二）鞠躬礼仪

鞠躬是人们为向他人表示尊敬而广泛采用的一种致敬方式。鞠躬适用于多种场合，如社交场合、演讲、谢幕等。在鞠躬时，身体的上半部向前倾斜大约15°~20°，然后回到原来的姿势。三鞠躬在鞠躬礼仪中是最为敬重的。在三鞠躬时，身体上半部分弯下约90°，之后恢复原样，重复三次即为三鞠躬。

航空服务人员在鞠躬时，要遵守正确的鞠躬礼仪。航空服务人员和受礼者应该面对面地站着，视线不应该倾斜或四处游移。当航空服务人员鞠躬时，应注意不可佩戴帽子。如需脱帽，应该用与行礼相反的手脱帽。也就是向左侧的人鞠躬致意时，应使用右手将帽子从头上取下。当向右边的人致敬时，应该使用左手摘掉帽子。航空服务人员在行礼时，应该与受礼者相距 2 m 左右。当航空服务人员鞠躬时，要以腰部为转轴，向前弯腰 20°~90°，通常这个前倾的角度是由受礼者的尊重程度决定的。航空服务人员在鞠躬时，双手应该在身体前倾时，自然放在身体两侧，也可以双手交叉相握放在身体前方。需要注意的是，在鞠躬时，要面带微笑，同时还可以说一些问候语。在鞠躬后，要恢复站立的姿势。

通常，航空服务人员在鞠躬时需要将帽子取下，如果佩戴着帽子进行鞠躬，则会认为是一种不礼貌的行为。在鞠躬时，目光要随着身体弯下的幅度向下看，以表示一种谦恭的态度。切忌一边鞠躬一边看向对方，否则容易出现向对方翻白眼的情况，并且这种姿态既不礼貌也不雅观。在鞠躬礼毕起身时，眼睛要有礼貌地注视着对方，不要东张西望，否则即使行了鞠躬礼，也会让对方感受不到诚意。另外，还要注意一点，在鞠躬时，嘴里不能吃东西或者叼着香烟。

第六节　航空服务人员沟通礼仪

随着社会经济的快速发展与全球经济一体化进程的不断加快，航空业的竞争也越来越激烈。在这种情况下，仅仅依靠航空硬件是无法在社会中站稳脚跟的，而单纯的微笑也无法解决各种问题。乘坐飞机不再是身份和地位的象征，形形色色的人都有可能乘坐飞机，这就给航空服务人员提出了新的挑战。比如，航空服务人员的笑脸问候并没有迎来一句"谢谢"的回答，旅客一上飞机就冲航空服务人员发脾气，对航空服务人员的服务处处挑剔……也许有太多太多的不理解，那就让我们试着去架设一座沟通的桥梁吧，去站在旅客的角度看待我们不能理解的问题。旅客乘机购买的产品不仅仅是实物产品——航空器上某一座位在某一时间的使用权，更包括无形的产品——服务。旅客乘机需要的是安全、舒适、便捷、开心。一杯热水，一句温馨的祝愿，一个真诚的眼神，一个得体的鞠躬，一个善意的解释都可以成为沟通的基石。

航空服务工作有着非常严格的服务程序与规范，航空服务人员必须严格遵守和执行，并且要通过沟通使旅客了解并理解，以保证每一航班的顺利起降。安全性是乘坐飞机的旅客最为关心的事情。乘务员的首要工作是要保证旅客的安全，机舱必要物品的使用和讲解要清晰、明确。一般情况下，旅客乘坐飞机的票价要高于乘坐火车和客运汽车、轮渡等交通工具的票价，飞机的便捷性和舒适性也是乘客自身价值的体现。服务中的沟通要更人性化，让顾客感到物有所值。狭小空间里磕磕碰碰在所难免，航空服务人员所具备的幽默沟通技巧可起到润物细无声的作用，让旅途充满快乐。

在人与人之间的交往和认知过程中，人们往往倾向于交往与自己更亲近的对象。因此对于航空服务人员来说，要想让旅客接受自己的热情服务，就需要航空服务人员在服务过程中主动创造良好的基础环境，从而帮助双方更好地沟通，如多与乘客沟通、保持微笑服务等。例如，航空服务人员在讲解求生注意事项时有很多乘客闭目养神，不注意听。很多国外航空公司的航空服务人员这时候喜欢来一段幽默表演，比如说："要抛弃或离开一个旧情人也许有 50 种方法，但是要离开这架飞机，只有 5 种方法，如果你不注意听，就一种也不知道地等死。"[①]航空服务人员的话语使乘客在笑声中集中了精力。又如某家航空公司的一次任务是接待国外某王室成员，在得知这位王室成员酷爱诗歌并曾经正式出版过两部诗集后，航空公司特意安排两位外语优秀、爱好诗歌的航空服务人员在王室成员登记后闲暇时向其请教诗歌，由于沟通得体，结果客舱气氛非常融洽。

人们常说，服务行业应"两张耳朵一张嘴"，就是要多听少说，多听比多说更为有益。俗话说"善听者善交人"，要想做到高效沟通，就需要学会用心倾听。不要在对方谈兴正浓时打断，要善于概括对方说话的要点，协助对方将话说出来、说下去，还要善于听出对方的弦外之音。

在客舱服务中，回答旅客提出的问题或向旅客进行说服工作，如解释民航规章制度、旅行常识，纠正旅客不文明行为等，都需要沟通。回答旅客的提问不要以貌取人，要用婉转的道理和有涵养的语言回答旅客，避免因直言快语引起失敬和失和。解释民航规章制度的出发点是为旅客服务，而不是用民航规章制度来强迫旅客。记住反驳不要说得太直接，出言求智、礼貌周全，要使旅客礼中知理、心悦诚服。

其实人一生总是在做两件事情，追求快乐和逃避痛苦，我们都喜欢"笑、高兴、快乐"，而不喜欢"痛苦"与"悲伤"。作为空乘人员有必要在生活中多观察、多积累，学会用幽默来与旅客沟通。幽默需要合乎时宜，要根据时间、地点、对象等具体条件来判断是否适合运用幽默元素。一般来说，旅客身体不佳或情绪低落时不宜采用幽默的方式。

语言是人们用来表达思想、交流感情的交际工具。在航空服务行业中，语言是每个接待人员完成任务不可缺少的工具，航空服务人员以语言表达方式为主要服务内容，因此服务用语是关系服务质量、服务水平的大事。作为一名航空服务人员，在服务过程中，掌握一些语言艺术是最基本，也是最重要的要求。如果航空服务人员有着得体的语言、谈吐优雅，不仅会给旅客留下良好的影响，同时也能增进与旅客之间的情感。要做好服务工作，就要学好服务语言，掌握语言艺术，用礼貌、幽默的语言与旅客交谈，并用含蓄、委婉使人不会受到刺激的话代替禁忌的语言。

---

① 何桂全，祝勇. 海外文摘：二十周年典藏本 人生百味卷[M]. 北京：中国旅游出版社，2005：159.

服务语言是航空服务人员素质和服务艺术的最直接体现，语言表达是航空服务的基本技能。在航空服务中，服务语言艺术运用得好坏，会给服务工作带来不同的结果。一句动听、富有艺术性的语言，会给航空公司带来很多回头客，而一句让旅客不满意的语言，很可能就会从此失去一位或多位旅客。

服务语言是旅客对服务质量评价的重要标志，在服务过程中，语言适当、得体、清晰、纯正、悦耳，会使旅客有柔和、愉快、亲切之感，对服务工作产生良好的反应；反之，服务语言"不中听"，生硬、唐突、刺耳，客人会难以接受。强烈的语言刺激，会引起旅客的不满与投诉，会严重影响航空公司的信誉。艺术性的礼貌服务用语应该做到以下几点：柔和，适度而不刺耳；清晰，准确而不模糊；纯正，悦耳而不杂乱；言简，意赅而不啰唆。

语言要与动作相一致，人若满腔热情，说话时便会不由自主地加上动作，做动作时也会自然而然地伴随着语言。航空服务人员在为旅客服务时，应尽量在自己说话时配以适当的表情和动作，并保持一致性，要以饱满的热情，拿出最佳状态，努力取得最好的效果。

沟通礼仪是人们日常生活中不可或缺的一部分，无论是在工作场所还是在社交场合，良好的沟通礼仪能够帮助我们更好地与他人交流和合作。航空服务人员应该遵循以下沟通礼仪规范。

第一，尊重对方。航空服务人员无论和谁进行沟通，都应该尊重对方的意见和观点。不要打断对方的发言，要耐心地倾听并给予回应。尊重对方的意见和观点，能够营造良好的沟通氛围。

第二，保持适当的身体语言。身体语言是非常重要的沟通方式之一。航空服务人员保持良好的姿势、保持眼神交流、保持微笑等都能够传递出积极的信息。同时，要避免过于夸张或者消极的身体语言，以免引起误解。

第三，使用适当的语气和语速。语气和语速会直接影响到沟通的效果。航空服务人员要尽量使用友善、温和的语气，避免过于强势或者威胁的语气。同时，语速也要适中，不要过快或过慢，以免对方难以理解。

第四，注意言辞和用词。在沟通中，要注意言辞和用词的准确性。航空服务人员要避免使用带有侮辱性或者歧视性的词语，尽量使用客观、中肯的表达方式。同时，选择适当的词汇和语言表达，以确保对方能够理解。

第五，善于倾听和提问。沟通不仅是表达自己的观点，更重要的是倾听对方的意见。航空服务人员要学会倾听，不要急于打断对方，给予对方足够的时间表达。同时，要在适当的时候提问，以更好地理解对方的观点。

第六，避免过多的干扰和噪声。在进行沟通时，要选择一个安静、无干扰的环境。航空服务人员要避免在吵闹的场所与旅客进行沟通，以免影响对话的质量。同时，也要避免自己去干扰他人的沟通，尊重他人的交流空间。

第七，注意选择合适的时间。航空服务人员在与旅客进行沟通时，要注意选择合适的时间，要避免在他人忙碌或者疲劳的时候进行沟通，以免影响对方的注意力和理解能力。

第八，谦虚和虚心听取他人意见。航空服务人员在与旅客进行沟通时，要保持谦虚和尊重他人的态度，不要过分自信或者自负，要敞开心扉，虚心听取他人意见。同时，要尊重他人的观点和感受，不要轻易批评或者贬低他人。

第九，解决冲突和分歧。在与旅客沟通中，难免会出现冲突和分歧，航空服务人员要学会妥善处理这些问题，避免情绪化或者激烈的争吵。例如，可以通过沟通、协商和妥协的方式解决问题，保持双方的和谐与合作。

第十，表达感谢和赞赏。航空服务人员在与旅客沟通的过程中，要学会表达感谢和赞赏。当对方给予帮助或者提供有价值的意见时，要及时表示感谢。同时，也要学会赞赏对方的努力和贡献，以增进双方之间的关系。

良好的沟通礼仪是建立良好人际关系和有效沟通的基础。航空服务人员通过尊重对方、倾听对方的意见和表达自己的观点，能够与旅客建立起互信、互动的沟通模式。同时，遵循适当的语气、用词和身体语言，能够提高沟通的效果和质量。

第五章　航空服务口语交际与播音

在航空服务中，服务人员的口语交际与播音水平是至关重要的。本章为航空服务口语交际与播音，主要包括三个方面，分别是航空服务口语交际原则与语言技巧、航空服务口语交际训练、航空服务客舱播音训练。

第一节　航空服务口语交际原则与语言技巧

一、航空服务口语交际的要求与原则

（一）口语交际的要求

1. 要有真情实感

在具体的服务过程中，航空服务人员讲话一定要充满自己的感情，因为说话人的感情往往影响着听话人的理解和接受，从而影响着说话的效果。服务是人际交往，优质的服务是愉快的人际交往，是美好的情感在人与人之间的共鸣。

航空服务人员作为"空中服务"这种特殊人际交往过程的主要参与者，把握着服务氛围的主动权。航空服务人员对乘客的爱心、真诚，对于营造优质的服务氛围非常重要。航空服务人员不能只依靠技能、技巧来服务，还应该对服务对象有真情实感。航空服务人员要能想乘客所想，急乘客所急，这样才能为航空公司留住乘客。

2. 要恰到好处

服务的过程，也就是满足乘客需求并与乘客进行顺利沟通的过程。这个过程不是说教，航空服务人员只要能够清晰准确且态度亲切地传达出所要表达的意思就好，主要是让乘客被尊重的需求得到满足，在消费过程中让压力得到放松，使

乘客的消费意愿能够尽可能地得到表达。

3. 要"有声"

在口语交际中，语言起主要作用，肢体语言起辅助作用。声音在一定程度上能够传达服务的态度，如果服务只有动作、手势等而没有声音，便会缺少热情和一定的魅力。因此，航空服务过程中不能只有点头、鞠躬、手势而没有语言的配合。

飞机作为一种快捷、安全的交通工具，已被越来越多的人所接受，而乘客也对现在的航空服务提出了越来越高的要求。航空服务人员在服务过程中既要有问候，又要有手势，还要有语言的配合，并且要讲求语言的技巧。针对不同的服务对象和不同的服务环境，声音既不能太大，也不能太小，态度要温和，口气要热情。航空服务人员应做到以下"有声"服务。

①乘客来时有欢迎声。

②乘客离开时有道别声。

③乘客表扬时有致谢声。

④乘客欠安或者遇见客人的时候，有问候声。

⑤服务不周时有道歉声。

⑥服务之前有提醒声。

⑦乘客呼唤时有回应声。

语言，是人们之间沟通的桥梁，是人与人之间心灵的表达，温馨和蔼的语言会给人以亲切感。航空服务人员面对乘客，最好能做到"有声"服务，多询问，多与乘客交流，多交代一下注意事项，多说些温情体贴话，这样才会获得乘客的认同。

4. 要轻声

传统服务是吆喝服务，现代服务讲究轻声细语，为客人保留一片宁静的天地，不能人为地增加嘈杂声音，影响到乘客的享受与休息。乘客乘坐飞机的费用要高于乘坐火车和客运汽车等交通工具的费用，飞机的便捷性和舒适性也是乘客自身价值的体现，因此我们的服务也应该是优质的服务。

（二）口语交际的原则

1. 真诚、坦率、自信

交谈得体的首要因素是要态度真诚，真诚是交谈的原则，也是做人的美德，"出自肺腑的语言才能触动别人的心弦"[①]。航空服务更是要求有真诚礼貌的态度。可以试想一下，如果面对一个服务很随意还一个劲儿打马虎眼的人，心里是不是会很不舒服，会觉得对方没有尊重自己，因此一个满意的交谈效果需要双方都要态度真诚才行。

交谈双方态度还要坦率，这是奠定交谈成功的基础。交谈双方要认真对待交谈的主题，坦诚相见，直抒胸臆，不躲不藏，明明白白地表达各自的观点和看法。知之为知之，不知为不知。航空服务人员遇到自己不知、不懂、不会的问题时，回避闪烁、默不作声、牵强附会、不懂装懂的做法均不足取。金无足赤，人无完人！服务工作中出现一时的失误，也是在所难免的，但要勇于认错，知错就改。诚恳坦率地承认自己的不足之处，反倒会赢得服务对象的信任和好感。

交谈者要有充分的信心，表情要自然，语气要平和可亲。交谈往往要体现交谈者的知识、修养、口才和风度。这就需要交谈者保持信心，但信心对引导对方进入开诚布公的对话很有帮助。准备得越充分，信心就会越充足。如果航空服务人员碰上一位有抵触情绪的乘客，他以恶劣的态度对待自己，那该怎么办呢？此时，航空服务人员可以提醒这位人士，自己是在为他提供服务。

2. 互相尊重

尊重是人际交往的大前提。航空服务人员不论是面对同事或领导，还是面对服务对象，都要把对方当作平等的交流对象，在心理、用词和语调上都要体现对对方的尊重。用词方面，航空服务人员对对方要尊重，用词尽量使用礼貌语；自己则要谦虚，用词用自谦语。恰当的用词可以表现一个人的修养和风度，切记不可盛气凌人、自以为是。

航空服务行业就应该充分发挥"两只耳朵一张嘴"的功能，多听少说。人们常说，来自天南海北有着不同背景和经历的乘客聚集在客舱这样的空间中，内心的心理感受自然也会有所不同。对于那些初次乘坐飞机的乘客来说，他们或许希望乘务员能够主动及时指点问询以化解他们内心的紧张和茫然；对于生病的乘

---

① 雷敏，陈敏，张开江. 现代职业礼仪 [M]. 成都：电子科技大学出版社，2008：17.

客，他们或许需要的是特意的关照和温暖的问候以缓解病痛；对于无人陪伴的儿童乘客，他们或许需要的是亲切的陪伴来驱除当下的孤独感；对于老年乘客来说，他们需要细心的关注和及时的帮助以避免手脚不便而导致的困难和尴尬。还有其他很多不同类型的人，他们也各有着不同的需求。一个拥有高素质的航空服务人员，不仅能够从不同乘客的言谈举止中敏锐地观察到不同的需求或困难，还能够及时有效地提供暖心的服务。使服务工作取得令人"动心"的效果。

正如不能轻易问询女生年龄问题一样，航空服务人员对于乘客较私人的问题也不可轻易问询，如乘客的家庭背景、工作情况、收入、衣饰价格等问题，应当尽量避免直接询问。

因工作需要或条件限制而需要拒绝乘客时，也要尊重乘客，尽量用委婉的表达方式，而不允许使用命令式语气。直接使用否定词句会让乘客下不来台，心情不愉快。例如，有两位熟人在飞机上相遇，他们找到航空服务人员想协调一下座位，航空服务人员可以以"这两位乘客想坐在一起，能否请您和他们换一下"来与相邻乘客进行沟通。航空服务人员具体可采用以下几种表达方式：

询问式："请问……"

请求式："请您协助……好吗？"

商量式："您看……可以吗？"

解释式："您好！这里是……"

3. 三思而后行

说话要有技术，会说话往往很重要，在人与人的沟通中，人们有时会因为一句话说得不当使得沟通戛然而止，甚至可能会影响到人际关系的建立。为避免出现这类错误，最好的办法就是三思而后行。航空服务人员，在说任何话之前，要思考自己要说什么、该说什么，以避免自己的话伤害到别人。设想自己说的话如果是别人对自己说的，自身会有什么样的感受。这就是在训练我们要学会设身处地为他人着想，以心体心，这样就不会因为说错话而使他人不悦了。

4. 用语规范

因为航空服务工作的特点和性质，口语交际服务用语要规范、准确、亲切、简洁。如"欢迎您乘坐本次航班！""请问您想喝点什么？""让您久等了！""您脸色不太好。请问是哪儿不舒服吗？""谢谢您对我们服务提出的宝贵意见，我一定把您的建议反馈给公司。"规范的语言可以显示出航空服务人员的优质服务，大大提高乘客的满意率。

二、航空服务口语交际语言技巧

口语交际是人际交往中最迅速、最直接的一种沟通方式，在传递信息、增加了解、加深友谊方面起着十分重要的作用。在航空服务中，对服务人员的口语交际能力有很高的要求。航空服务人员不仅要注意表情、态度、用词、交谈的方式及技巧，还应做到心与心的交流沟通，听取乘客的意见并及时改进服务，设身处地为乘客着想，给予乘客无微不至的关怀和细心的照顾，让他们感到客舱就像自己的家一样安全、温馨。

（一）称呼与敬语

称呼不仅是一种必不可少的客套，而且可以为交谈做情绪情感的铺垫。敬语，不仅可以表现使用者的修养、风度，而且可以为交谈的友好发展增添催化促进的因子。

1.称呼

（1）称呼的种类

称呼是指人们在日常交际中，彼此采用的称谓。在社交场合中，每个人都很看重别人对自己的称呼。航空服务人员礼貌、准确、得当的称呼，体现出自身的教养和对对方的尊敬，能让双方之间的心理差距缩小，营造出和谐的气氛，使交谈顺利进行下去。

①按性别称：这是最常见的一种称呼。对男子，一般统称为"先生"；对女性统称"女士"。

②按职务称：以对方的职务来称呼，用以区别身份，以示尊敬，如"张经理""肖老师""杨律师""陈法官"等。

③按姓名称：熟识的朋友、同学、同事可以直呼其姓名，也可以根据年龄在姓前面加上"老""小"这些前缀来称呼，如"老李""小郭"。关系十分亲密熟悉的，还可以去掉姓，直呼其名，如"珊珊""志新"等。

④按关系称：如爷爷、奶奶、哥哥、姐姐、叔叔、伯伯、阿姨、大婶等。

（2）使用称呼的技巧

①航空服务人员的称呼要得体、正确，给人留下好的印象。在称呼的选择上必须注意对方的身份地位，准确地称呼别人，避免引起误会和尴尬，显示出自己的礼貌和对别人的尊重。

②在正式场合的称呼要正规，不能乱称呼，随便叫别人的绰号。

③到一个陌生的环境，称呼也要入乡随俗，注意观察别人是怎么称呼的，按照当地的习俗来称呼。

2. 敬语

谈吐得体包含有对敬语的使用，是高雅谈吐的重要组成部分，也是航空服务人员的个人素养和职业道德的最基本要素之一。敬语的使用不论对自己还是对他们都会表现出一种尊重的态度。

（1）敬语的使用场景

使用敬语的情况常见有以下几个场景。

第一种是人们相互见面时的问好。如"您好""早上好"等，这些虽是简短的问候，但传达给对方的含义至少有三层：表示尊重、显示亲切、给予友情。同时也显示了自己的三个特点：有教养、有风度、有礼貌。

第二种是有求于人时。通常需要对方帮助办事时，言语中会使用"请"字，表示诚恳，以获得对方的理解和支持。

第三种是对受到的帮助表示感谢时。这是在对方给予帮助、支持、关心、照顾、尊重等有益于自身利益后，表示的感谢。最简洁有效的回应是发自内心地说一声"谢谢"。

第四种是失礼道歉时。由于现代社会人际关系的复杂和日益频繁的接触，难免会对亲友邻居、同事或者是其他的人造成困扰和麻烦，这时在事发以后能及时真诚的道歉，或许会使对方的愤怒等不好的情绪减轻，以致能化干戈为玉帛。

除上述几种场景外，生活当中还有很多使用敬语的情况。例如，表示拜托的语言有"请多关照""承蒙关照""拜托了"等；表示慰问的语言有"您受累了""辛苦了"等；表示赞赏的语言有"太棒了""真让我高兴"；表示同情的语言有"真难为你了""您太苦了"等；表示挂念的语言有"你现在还好吗""生活愉快吗"；表示祝福的语言有"一路顺风"等。

还有和人初次见面时可以说"久仰"、好久未见时可说"久违"、在等候他人时用"恭候"、请人先别离开时用"留步"、中途要离开时可说"失陪"、对于对方想让自己陪伴时可回应"奉陪"、请人批评用"指教"、求人原谅用"包涵"、请给方便用"借光"、求人指教用"赐教"、向人道贺用"恭喜"、看望别人用"拜访"、宾客来访用"光临"、赞赏见解用"高见"、欢迎消费用"光顾"、老人年岁用"高寿"、小姐年龄用"芳龄"、他人来信称"惠书"等，都可以归为敬语范围。

（2）使用敬语的技巧

航空服务人员针对不同的服务对象、范围、作用等一定要灵活运用敬语，既要做到谦和有礼，又不能太过俗套，这样在和对方交谈时方能形成亲和有礼的良好气氛。

（二）话题与修饰

航空服务人员在口语交际中为取得令人满意的交流效果，需要不断开发新的令双方和谐愉快的话题。在交流过程中，有效地修饰说话内容，有声有色地表现说话内容，更能展示出航空服务人员的修养和风度。

1. 内容

在社交场合中，内容话题是核心，交谈总是围绕某个话题展开的。作为航空服务人员在与服务对象交流时要善于寻找话题。选对了话题，交流就能顺利地往下进行。

（1）选择话题的技巧

生活是丰富多彩的，话题又有很多种，但不是每个话题都适合在社交场合进行谈论。成功的交谈，离不开好的话题。选择恰当的话题，与场景、对象符合，需要掌握以下技巧：

①就地取材法

交谈的时候，根据当时的场景随机应变、就地取材，能挖掘出很多合适的话题。比如对方的衣服等。

②在倾听中把握对方感兴趣的话题

留心倾听，发现对方的兴趣所在，多谈一些别人感兴趣的话题，一方面能让对方有被尊重和受重视的感觉，另一方面能让对方感觉找到了知心朋友，产生共鸣感，打开话匣子。

③选择生动有趣的话题

谁都不会拒绝能使社交场合气氛变得轻松、愉快，趣味性高的话题。在这种氛围下，人们的交流与沟通会更融洽。平常可以留心一些有趣的、吸引人的话题，如最近发生哪些趣事，经历了什么有意思的事情等。

④多肯定对方

在交谈的过程中，航空服务人员应适当地赞美和肯定对方，表现出赞同和欣赏的态度，并辅以点头、微笑的动作。还可以经常使用"是的""对啊""没错""我也这样认为"等语句，以获得对方信任，拉近双方的距离。

（2）选择交流话题应注意的问题

首先，航空服务人员和乘客的交流话题应该尽量符合其年龄、职业、性格、心理等方面的特点，比如和一位潮流年轻人交流"追星""明星"等话题，就比较合适，但如果和一个年龄大或是对这些新潮的事物不感兴趣的人讲这些话题，就不太合适了，可能还会引起反感。

其次，航空服务人员在面对交谈中近乎无礼的行为时，要做到宽容克制，保持良好的态度，不可和对方抬杠或在语言上、表情上讥讽、斥责对方。应尽量安抚对方使其冷静下来，或是说一些轻松的事来转移话题，或者使交流暂停等，待对方的情绪稳定后，再尝试一些其他的话题。

最后，航空服务人员对交流的话题要能注意开发一些细节性话题，在已有的话题中寻找新颖的更吸引人和更创新的话题，使整个交流的氛围更加轻松有趣。另外，交流时的用词用语也要使用对方能够听懂的语言，而不要使用对方听不懂的语言，比方说讲对方听不懂的方言或是外语等，因为透过语言可以表达一种情感信息，表示尊重，因此尽量要和对方用相同的语言交谈。

2. 修饰

（1）语言修饰的内容

同样一句话，从不同人嘴里说出来，具有不同的含义。其实同一句话，即使是从同一个人嘴里说出来也会效果不同，语言修饰的内容包括两个方面。

①外部修饰

语言的外部修饰主要涉及语速、语调、音色、音质、面部表情等因素。航空服务人员只有在说话时语调平稳，语速适中，音质柔和饱满，表情轻松自然，面带微笑，才能给人以客气、礼貌的感觉。

②内部修饰

语言的内部修饰主要指文明礼貌用语。航空服务人员在语言交流的过程中，使用文明礼貌用语不仅可以表现出交流者良好的个人修养，也能够更好地营造双方交流的氛围，以取得最好的交流效果。

（2）语言修饰的技巧

在航空服务活动中，谈话要自觉遵守交谈方面的规则和要求，以礼待人、以情动人、以理服人。这一点是航空服务人员的基本职业道德。语言修饰的技巧有以下几个方面。

①态度诚恳

诚恳是交谈的基础，只有诚心待人，才能换取对方的信任和好感，才能为进一步的交谈创造融洽的气氛。交谈要做到文雅、真诚、坦率、讲实话。航空服务人员说话时应多用征求、探问、商讨的语气，要让乘客觉得航空服务人员是有诚意地同他沟通思想、交流意见。

②语言文明，亲切动听

语言文明是交谈的最基本规则，要求语言不仅要礼貌、规范，而且要准确、得体。例如，见面时应礼貌地说声"你好"、告别时应客气地说声"再见"、需要他人协助时应加上一个最能体现尊敬之意的"请"字、影响妨碍他人时，应及时真诚地道歉等，如此才能获得他人对自己的友好与尊敬。同时，航空服务人员还可借助于表情、动作、音高、音调等非语言因素使谈话亲切动听。表情要面带笑意，通过与礼貌语言配合，可以让人感到言而由衷，平易近人。

③神态专注

航空服务人员与他人交谈中，出于对他人的尊重，有必要对自己的神态加以约束，特别是注意自己的眼神和手势。当对别人讲话时，不要一边对人讲话，一边摆弄手指、修指甲、掏耳朵、伸懒腰、看电视、翻报纸、看手表等，这些都是不礼貌的动作。交谈时要排除干扰，神态专注，聚精会神地同他人交谈。

（三）观察与聆听

在人际交流中，人们往往根据动作、手势、眼神、表情的变化来表达各种语言和情感。因此细心观察表达者的体态语言，不仅能听懂内容，更能体会表达者内心的情感状态，以获得更好的交流效果。

1. 观察

航空服务人员在交流过程中需要不断地观察乘客的交流状态，及时把握服务对象的真实需要及内心的情感状况，以达到更好的交流目的。在交流过程中观察主要指及时了解和把握对方的体态语言，以从中获取无言的信息。

体态语是人类除口语和书面语以外的另一大语言。人类在还没有产生口头和书面语言之前，就已经会使用体态语进行交流了。人们将表情、手势、姿态等能够表达人的思想感情的人体动作，称为体态语，也叫肢体语言。肢体语言在语言信息表达中占有绝对重要的地位。因此完美的口才除具备良好的口语表达能力以外，肢体语言表现同样重要。

体态语由头部、眼神、面部表情、手势、动作等组成。许多体态语都有约定俗成的含义，航空服务人员在与乘客交流过程中，要注意观察其体态语言，以便及时了解乘客的需要与内心感受。观察技巧如下。

（1）头部

头部是人体重要的器官，说话时头部动作能表示不同的意思。

①点头表示同意、赞成、肯定。

②摇头表示反对、否定、拒绝、不是、不对等意思。

③抬头表示希望、祈祷、祝愿、请求等含义，而猛一抬头则表示顿悟。

④低头表示谦虚、思索、内疚、委屈、羞怯、哀悼等意思。

⑤向前伸头表示倾听、期望、同情、关心。

⑥向后仰头表示吃惊、恐惧、迟疑、退让。

⑦偏头表示怀疑、不相信。

（2）眼睛

眼睛是心灵的窗户，通过眼神，能传出内心的信息，表达丰富的情感。掌握好眼神的运用技巧，能够实现更有效的沟通。

①眼睛平视表示平和。

②眼睛仰视表示思索、期盼和向往。

③眼睛俯视表示谦卑、羞怯、胆小、含蓄。

④眼睛斜视表示反感、讨厌、轻蔑、鄙视和憎恶。

⑤眼睛圆睁表示吃惊、恐惧、气愤和兴奋。

（3）面部表情

丰富的面部表情，能帮助有声语言更好地传达说话者的意思。面部表情的变化主要由眉毛、嘴巴等的变化形成。

①眉毛舒展表示平静。

②眉毛上扬表示高兴、兴奋、喜悦。

③眉头紧皱表示忧郁、烦恼、痛苦和厌恶。

④低眉表示顺从、思考，竖立眉头则表示愤怒。

⑤嘴巴自然闭上便是平静、自然。

⑥嘴巴半张表示吃惊、奇怪、有疑问。

⑦嘴巴张大表示难以置信。

⑧嘴角向上表示高兴、愉悦，嘴角向下表示烦恼、悲伤。

⑨嘴巴噘起表示生气、不满，嘴巴紧闭表示下定决心。

2. 聆听

在语言交流中，说话听话具有互动性，密不可分。说话是将语言信息有效地组织起来并输出的过程，而听话则是将语言信息搜集并解码的过程。这两个过程共同构成语言交流，缺一不可。

（1）聆听的要求

航空服务人员在倾听别人谈话的过程中，要做到以下几点。

①专心，集中注意力

航空服务人员在别人讲话的时候，应该停下手头的工作，集中精力去倾听谈话内容。在倾听时，应尽量忽略外界的干扰，避免被别的事情打搅和分散注意力。专注的倾听能让说话者感受倾听者的诚意。

②有耐心

倾听需要耐心。当说话者的语言表达有所欠缺，或内容比较散乱时，航空服务人员应保持足够的耐心，继续往下听。就算对话题不感兴趣，不能接受说话者的观点，或者知道说话者接下来要讲的内容，甚至不喜欢说话的人，也应该保持耐心，继续听完。

③与说话者形成互动

在倾听的过程中，航空服务人员要与说话者保持良好的互动。倾听是以说话者讲话为主，同时也需要接收倾听者的反馈信息。倾听者应该适时点头、微笑，用眼神或手势暗示自己正在认真倾听。还可以用"对""是""不错"等简短的语言，给予说话者鼓励和支持，表示对说话者的理解并产生共鸣。在谈话告一段落的时候，把没听清的地方指出来，让说话者重复一下，或者将不明白的地方提出来，向他提问。

④避免中途打断说话者

对于倾听的内容，航空服务人员只需要客观地去听、安静地去听，理解说话者想要表达的意思，不用加以判断和评论。随意打断说话者的话语是很不礼貌的行为。倾听的时候，不要抢话，不要随意打岔或随便插话，不要改变话题。

（2）聆听的技巧

①听懂内容

不同于书面表达的话语有保留性，口头表达转瞬即逝，因此要求航空服务人员快速、准确地理解说话者所讲的内容。听者要一边听，一边思考，弄清楚话语的内在含义。

②抓住重点

在谈话告一段落后，要求航空服务人员能够概括、列举出说话者话语中的要点、观点和一些重要信息。这些重点内容包括：说话者谈论的事情有几件，最重要的事情是什么；说话者提及了哪些重要的人，如果说出了名字，是否记得；等等。

③听出弦外之音

有时候，说话者会将不方便直接说出来的话用委婉、迂回的方式表达出来。航空服务人员要注意说话者是不是话里有话，有没有"潜台词"，并仔细揣摩话语中包含的言外之意。

（四）赞美与幽默

真心诚意的赞美能满足对方的心理需求，拉近两人之间的距离，增加信任感，使沟通顺利地进行下去。掌握正确的赞美技巧是航空服务人员在交流与沟通中不可忽视的重要组成部分。"人性深处最大的欲望，莫过于受到外界的认可与赞扬。"[1] 赞美的话语能让人有如沐春风的感觉。

1. 赞美

（1）赞美的原则

赞美的语言就如同语言中闪闪发亮的宝石，学会赞美别人，既愉悦了他人，又为自己带来方便，何乐而不为呢！赞美并不是随便客套和恭维几句就能达到目的。掌握不好赞美的原则，好事也可能会变成坏事。赞美别人时，航空服务人员要把握好以下原则。

①赞美要发自内心

航空服务人员应该知道不是任何溢美之词都能使对方感到愉悦，赞美的话一定是真诚的，只有发自内心、真心实意的赞美才能打动人心。虚伪、夸张、不切实际的语言让人不可接受，让人觉得这是一种敷衍，是虚情假意。例如，发现一个长得其貌不扬的女士办事成熟老练，真诚地称赞她很有气质和品位，要比称赞她美丽强百倍。

②赞美要及时

赞美需要把握时机。赞美的语言要趁热打铁，航空服务人员在与他人谈话的过程中，发现对方流露出希望得到赞美的期待时，要及时地给予对方赞美。

在别人最需要赞美的时候，未能及时送上赞美的语言，这是一件很扫兴的事。事后才补上，这种"马后炮"是收不到很好的效果的。

③赞美要把握分寸

航空服务人员的赞美之辞要有节制、有分寸，给人以适当的赞美，不要把赞美的话说得太满，应当有所保留。将许多极端赞美的溢美之词套在平凡的表现上，赞美就失去了肯定人、鼓励人的作用，要么变成令人尴尬的语言，要么就成为害人之词。比如别人干成一件普通的事，就说"你是我见过的最能干的人"，这种夸大的语言，只会显得虚假。

④语言要具体

笼统、模糊、夸张、抽象的赞美之辞，是起不到赞美的效果的。航空服务人员赞美的话语应该具体、明确、重视细节，因为细节容易让人信服。赞美的语言

---

[1] 陶辉. 谈话的艺术 [M]. 北京：中国纺织出版社有限公司，2022：32.

越具体就越能显示对对方的了解和重视，让人感觉真诚可信，容易接受。比如夸奖别人衣服好看，说"你的衣服真好看"，倒不如说"这件衣服款式特别，而且颜色也特别适合你的肤色"，效果会更好。

（2）赞美的技巧

赞美的语言，应该恰到好处、恰如其分，否则在别人听起来就成了讽刺和嘲笑。灵活掌握赞美的技巧，可将口才的表达提高一个层次。

赞美，不是奉承，而是对对方闪光点的直接夸奖。赞美他人就像是为他人点亮一盏灯，照亮了他人也照亮了自己，可以很好地让被赞美者感受到自信心和温暖，也可以加深彼此的友谊，消除人际关系间的隔阂和抱怨。

①赞美之辞因人而异

对待不同的人，赞美的方式也是不一样的，不了解情况，不加区分地盲目夸奖，胡乱赞美，只会适得其反、弄巧成拙。航空服务人员的赞美语言应该贴切得体，恰到好处。例如：赞美小孩子，可以夸奖他聪明可爱，将来肯定有出息；赞美漂亮的年轻女孩，可以说她容貌出众，亭亭玉立；赞美中年妇女，可以称赞她谈吐好、有气质；赞美青年男士，可以说他有活力，有朝气；赞美中年男士，可以说他成熟、稳重；称赞老人，可以说他精神矍铄，身体健康。赞美要注意分清对象，有所区别，不要说别人忌讳之处，也不要恭维别人的短处。

②赞美的语言要有新意

漂亮话的精髓在于所说的是常人都能想到的，但却是以新颖、精妙、生动的方式说出的。航空服务人员赞美别人的话语，应该有新意，不能总停留在人所共知的优点上。别人身上的优点，肯定不止一个人赞扬过，如果拾人牙慧，总是重复别人的语言，对方听得多了，赞美的力量就削弱了。例如，称赞别人的小孩，说这个孩子将来肯定有美好的未来，要比说小孩聪明可爱效果更好。

③赞美的话要说得内行

航空服务人员的赞美语言要说得到位，否则起不到赞美的作用。赞美的语言要善于运用专业术语。对于别人的一技之长，更应使用专业术语给予赞美。例如，称赞别人的画画得好，可以讲画面的谋篇布局合理，色彩搭配协调；称赞别人的歌唱得好，可以说音色好、气息顺畅等。

④赞美要投其所好

航空服务人员的赞美语言要投其所好，恰到好处。航空服务人员应通过对对方的观察和与对方的沟通，找到对方的优点、长处、兴趣所在和对方引以为豪的事情。例如，和一位篮球高手谈话，可以多赞美他高超的球艺；和老人交流，可以多赞美他引以为豪的当年。

2. 幽默

幽默是具有智慧、教养和道德优越感的表现。幽默能表现说话者的风度、素养，借助轻松活泼的气氛赢得对方的好感，达到交流的目的。

航空服务人员要在生活中多观察、多积累，学会用幽默来与乘客沟通与交流。幽默是一种智慧，它的使用要合乎时宜，应由时间、地点、对象等具体条件来决定。幽默体现了一个人的文化修养和素质，幽默是人们思想灿烂的火花。幽默不是使对方尴尬，伤害别人的感情，好的幽默能让人如沐春风。幽默能缓解紧张，释放压力，成为人与人之间沟通的润滑剂。幽默可以在人紧张焦虑的时候给人以清风般的抚慰。幽默的作用不可小觑。往往很多人认为幽默很难，他们觉得只有具备一定的知识和智慧，灵活的应变能力和一定的胸怀的人才能做到幽默，但其实幽默是可以培养起来的，有时候不需要特别刻意的一个小包袱就能起到缓和气氛的作用。

做到幽默是有一定条件的，虽说不会很容易，但是只要肯用心就一定可以做到。它需要人具备豁达的胸襟，能够包容对方的处境和无心之过，巧妙地化解尴尬。而心胸狭隘的人说出的话常是刁钻的、透着一股酸溜溜的味儿，这算不上幽默，反而有可能戳到别人的痛处而引起反感。幽默还需要人有一颗善良的心，在闲聊调侃的时候不会拿别人的短处或缺点来讲，而更多的是以自嘲的方式表达。幽默还需要人善于发现和积累，能够留心发现生活中有趣的事情，积累经验。在这个练习的过程中，幽默会如同一件无形的外衣，渐渐的披在自己的身上，使自己的人际交往更添温暖和欢乐。

从事航空工作更离不开语言的幽默。幽默可以成为航空服务人员和服务对象之间的润滑剂，小小的嫌隙也许因为幽默就能化干戈为玉帛。

（1）幽默的原则

航空服务人员在平时交谈的时候，运用幽默的原则如下。

①低俗、浅薄的玩笑不是幽默

在日常交谈中，那些有伤大雅的玩笑，会给别人糟糕的印象。如果没有合适的小笑话，宁可不幽默，也别去开那些低俗的玩笑。

②幽默需要适度

幽默能给人带来愉悦，但是幽默过头，带给别人的恐怕就是伤害了。开玩笑要有和善的态度，控制好语言，一定要顾及大多数人的感受；不要用恶意的语言、不要拿别人的生理缺陷开玩笑，更不要拿别人的风俗习惯开玩笑。

③幽默需要察言观色

幽默也要分场合，看对象。在庄严、肃穆的场合，一般就不需要表现幽默。

（2）幽默的技巧

汉语言文化丰富多彩，里面蕴含很多幽默技巧。

①巧用比喻

比喻这种修辞，用好了，可以锦上添花。航空服务人员巧用比喻能够使语言生动、具体，取得好的交际效果。

②巧用错别字

有时航空服务人员可以故意将某个字说错，转移语义，产生幽默的效果，让人感到愉悦。

③巧用夸张

航空服务人员说话的时候，可以适当地采用夸张的语言，它能摆脱生活逻辑的束缚，给人以新异的刺激，使人觉得风趣横生。

第二节　航空服务口语交际训练

语言使用的恰当与否产生的效果也是不一样的，俗话说"良言一句三冬暖，恶语伤人六月寒"[①]，就简单明了地道出了语言的作用。人们在日常生活中通过语言的表达来达到与人建立关系、交流情感、传递信息的目的。一个人的说话习惯会受成长环境的影响，人在交流中的语言运用特点也会反映出这个人的某些品质。作为航空服务人员更要掌握好说话的艺术，不同的服务语言会有不同的服务效果，

---

① 龚波，陈保健. 现代礼仪学 [M]. 2版. 成都：西南交通大学出版社，2022：83.

比如，对待老年乘客和对待儿童乘客或是特殊乘客的说话技巧就不能一样，还有对待发脾气的乘客以及对待第一次乘坐飞机的乘客的说话技巧也不一样。很多时候航空服务人员简单的一句话，就会带来不一样的结果。一句动听的话可以使乘客对航空旅程很满意而愿意以后再次乘坐，但是一句难听的话可能使乘客再也不会乘坐这家航空公司的飞机，甚至将这段不好的旅程告诉别人导致失去更多客户资源。

在日常生活中，人们通过语言进行交流时常常伴随着一些体态语言，体态语言与口语沟通往往是密不可分的。航空服务工作分为空乘客舱服务和地面服务，地面服务又分为售票服务、问询服务、值机服务、安检服务、行李服务、引导服务等，这些服务分别需要不同的沟通技巧。对于以语言表达方式为主要服务内容的航空服务人员来说服务用语是事关服务质量、服务态度的大问题，服务语言是情绪服务的核心内容之一，也是乘客据以评价服务好坏的最重要依据之一。因为语言的感情色彩，不仅会影响到消费行为的顺利进行，还会对乘客的情绪产生较大影响，并直接影响乘客对服务好坏的评价。服务语言不仅需要业务知识、社会知识、心理学知识，还需要掌握一定的表达技巧。

由此可见，航空服务人员进行口语交际训练至关重要，它是提高服务质量的关键。不论在航空系统的任何一个工作岗位，其服务语言总的要求：讲好第一句话、礼貌称谓、说话得体、丰富详备、委婉文雅、来去有声。

一、客舱服务口语交际训练

在激烈的航空市场竞争中，航空公司的服务质量是关乎航空公司市场占有率及发展好坏的一个非常重要的因素。服务质量的高低主要是看飞机客舱服务方面，更直接表现在为乘客服务的航空服务人员的形象和工作态度上。以空姐为例，大家对空姐的一致印象都是美丽、端庄、大方、高雅等，但是仅有这些是不能够胜任空姐这个职业的。空姐只有将外在的优雅形象和内在服务技能、服务艺术相结合，才能真正成为"高尚服务"的标志，而与乘客进行沟通的服务语言艺术就是服务技能的重要组成部分。

在空乘服务过程中，航空服务人员一般通过规范的词汇、语调与乘客交流来表达思想、意愿、情感，其语言能够反映出一定的文明程度，且比较灵活，这就是客舱服务语言。该服务语言也是乘客评价航空服务人员的服务质量的标准之一。在客舱服务用语中,乘客会因航空服务人员的语言适当得体且清晰悦耳而感到亲切愉快,从而对服务产生好的反馈,也会因航空服务人员的语言生硬刺耳或唐突而产生不愉快的感受,引起不满或投诉,从而对航空公司信誉造成影响。

(一)客舱服务语言

1.客舱服务常用语言

客舱服务语言属于职业用语,其主体都是职业词汇,属机舱内服务用语范围,包括飞机结构、航空情况、航空地理、旅游景点介绍、空中服务等方面的用语。客舱服务常用语如下。

①登机、送别时,如:"欢迎""早安""晚上好""您好""再见""欢迎您乘坐某某公司的航班"。

②餐饮服务,如:"请问,您需要提供饮料吗?""增加些好吗?""您需要用餐吗?我们现在准备为您提供正餐、小吃、点心。""如果您现在暂不需要用餐,我们将在您需要时提供,到时请您按一下呼唤铃,我们将随时为您服务。"

场景示例1:飞机起飞前

(机上广播)

女士们,先生们:欢迎您乘坐中国××航空公司航班。由×××前往×××。我们的飞行距离是……

空乘:这位女士,飞机就要起飞了,麻烦您把座位靠背调到正常角度好吗?

乘客:哦,对不起,我不知道怎么调。

空乘:只需要按一下右边扶手上的按钮就行了。

乘客:现在可以了吗?

空乘:很好。请把安全带系上。

乘客:哦,对不起,你能告诉我怎么系安全带吗?

空乘:好的,把安全带插进带扣再拉紧。看,就是这样……

乘客:安全带常常让我联想到危险。所以很紧张。

空乘:别怕,飞机是最安全的现代交通工具。而且,我们的波音737是世界上最先进的飞机之一,我们的飞行员有非常丰富的飞行经验。所以您不用紧张。

乘客：谢谢你！

空乘：不用谢。呼叫按钮在您座位的上方。如有需要，请按呼叫按钮。我们随时会为您服务。

乘客：谢谢你！

空乘：不用谢。祝您旅途愉快！

由此可知，空乘人员在使用服务语言时，一定要注意说话的语气、用词和表情，以维护乘客的自尊心。

场景示例2：行李放置

（一皮包横放在过道上）

空乘：请问这是谁的皮包？

乘客1：是我的。上面的行李架已经放满了。我找不到位置放它。

空乘：但是把行李放在这儿会堵塞通道的。别担心，请提着包跟我来，也许前边还有空位。

（他们来到前舱，空乘打开座位上方的一个间隔间，发现了一个手推车。）

空乘：请问这个手推车是谁的？

乘客2：怎么啦？是我的。

空乘：请不要把手推车放在这里，一旦遇到气流或其他紧急情况，手推车很容易掉下来伤到人的。请您把它放在座位下面好吗？

乘客2：好吧。

空乘：谢谢。（转身对乘客1）现在您的问题解决了。

（空乘帮助乘客1把皮包放上去）

可见，乘客行为如果违反相关安全规定时，空乘人员一定要向乘客解释清楚，切记不要用生硬的语气和语言使乘客产生抵触情绪。

场景示例3：餐饮供应

乘客：小姐，什么时候供应饮料？我有点口渴了。

空乘：我们正在准备，请稍候。

（几分钟后，两名空乘推着饮料进入客舱）空乘：先生，请问您需要什么饮料？我们有咖啡、茶和橙汁。

乘客：我要一杯热茶。

空乘：请问您要哪种茶？

乘客：茉莉花茶。

空乘：真是抱歉，我们今天没有茉莉花茶，菊花茶可以吗？

乘客：好吧，来一杯。对了，什么时候供应晚餐呢？

空乘：真对不起，先生。本次航班是短程飞行，只供应点心。

乘客：这样啊。

空乘：请稍等，我一会儿就给您拿点心。

乘客：谢谢。

空乘：很乐意为您服务！

可见，当不能满足乘客要求时，应向乘客做好解释说明工作，或寻求其他方法，绝不能生硬、简单地拒绝。否则会让乘客感觉航空服务人员态度不好。

需要注意的是，当无法满足乘客的愿望时，仅仅说"不"就显得过于冷淡、没有礼貌。在回答"不"字之前，应首先考虑怎样才能尽可能地满足乘客的要求。

2. 客舱服务特殊语言

客舱服务是在飞机客舱这一特殊的环境下对特殊群体进行的服务。与其他服务行业相比，客舱服务具有自身的特殊性。安全责任高于一切，航空服务人员在飞机上不但要为乘客提供热情周到的服务，更重要的是提供机上安全的保证。正常情况下，航空服务人员首先是安全防范员，承担观察、发现、处理各种安全隐患的任务，负责维持客舱秩序，消除各种危机事件对飞行与客舱安全的影响；在任何特殊情况下，尽量减少乘客不必要的伤亡。因此，航空服务人员应熟悉机上紧急设备、能引导乘客在异常情况下安全撤离。这种情况下乘客应当服从航空服务人员的安排。

紧急情况下航空服务人员常用语言如下："跟我来（学）""听从指挥""坐""跳""动作快""到这边来"。

（二）客舱口语沟通技巧训练

飞机上有各种各样的乘客，如无人陪伴的儿童、孤身一人的老人、带小孩的父母、病人以及其他特殊乘客等。如何做好这些乘客的工作，让他们的亲人在送他们上飞机后放心，使他们安全到达目的地，是一名合格的航空服务人员的职责。航空服务人员要把服务做在乘客开口之前，即使他们没想到，也要细心地去发现，尽力做到贴心、周详。例如，对拿着手提袋等行李的乘客，为防止行李勒手，就要递上毛巾让他们垫着；对匆忙上飞机满头大汗的乘客主动递上纸巾；对老年乘客及时询问是否需要加水；乘客起身要去洗手间，就顺手帮他们开门。这些小事情会让乘客感到无比的舒心和温暖，在服务当中也会收到意想不到的效果。可见，航空服务人员也应该进行客舱口语沟通技巧的训练。

第一，训练与老年乘客的沟通技巧。首先，主动询问并热情帮助老年乘客上下飞机（但对身体好的老年乘客，尤其是外国乘客要视情况而定）；其次，在飞行途中，注意观察老人，向老人说话时语速要慢一些，讲解详细一些，身体离老人近一些（同时注意不要因为声音太大影响其他乘客）。遇到需要帮助登机的老年乘客，可以以"欢迎您，我来帮您吧"来问候，热心帮助乘客放置行李。对匆匆赶来的乘客，则可以说"您好，请不要着急，飞机还要等一会儿才起飞"，并热情地提供帮助，引导乘客就座。

第二，训练与儿童乘客的沟通技巧。与搭乘航班的成人乘客不同，孩子搭乘航班时需要当班机组的航空服务人员更多关心与照顾。这里将儿童乘客分为四类：婴儿乘客、有成人陪同出行的少年乘客、航空公司受托照顾的独飞少年乘客和其他需要特殊照顾的儿童乘客。

航空服务人员应该重点训练自己的口语沟通技巧，特别是在与乘客的交流中，要做到语言表达清晰准确、语调柔和亲切、语速适中，并且要兼顾乘客的情绪和心情，交流是双方的互动，不能自己讲个不停，要让乘客多说多表达。在交谈的过程中不管是作为说话的那一方还是聆听的那一方，都要以饱满的热情面对对方，表情自然大方，正视对方，目光柔和，面带微笑。航空服务人员首先要选择对方可能感兴趣的话题，如飞机飞多高、飞行过程中要注意的问题、飞机航线等。在聆听乘客诉求和意见的过程中，要耐心，同时用适当的点头、微笑等对谈话内容做出积极回应，表示自己在认真聆听对方。同时，恰当的赞美也是不可或缺的，它可以使交谈氛围更轻松友好。

二、售票服务口语交际训练

售票服务对服务人员的服务素质要求是高层次的。整个民航地面服务质量的高低，首先是通过售票服务来体现的。如果在售票服务中给乘客留下不好的印象，那么，可能会影响乘客对整个民航地面服务质量的评价。在售票服务口语交际训练中应该做到以下几点。

首先，口语交际能力的训练要求售票服务人员积极参与交流。只有通过大量的口语交流才能更好地提高自己的口语能力。因此，售票服务人员应该尽可能地多参加口语交流活动。

其次，口语交际能力的训练还需要售票服务人员多听多说。多听可以帮助售票服务人员更快地熟悉语音、语调、语速等，多说则可以帮助售票服务人员更好地掌握口语语言表达的技巧和方法。

最后，口语交际能力的训练还需要售票服务人员进行自主学习。除参加口语交流活动之外，售票服务人员还可以通过自主学习来提高口语交际能力。比如说可以看语言学习相关书籍，背诵英语短语、对话等，这些都有助于增强售票服务人员的口语表达能力。

售票服务人员在工作中应该着装统一，不佩戴任何装饰物（包括发夹、胸花）。头发经常清洗，留规定的发型或大方的发型；不擦过多的，或有异味的发油、摩丝，不施浓香水。女士不留指甲，男士不留胡须和长发。在工作期间，售票服务人员应坚持微笑服务，在工作台上按一定的程序进行工作，给乘客留下有条理的印象。售票服务人员不要在乘客面前急促奔跑，以免给客人造成不安全感。售票服务人员在售票服务中要做到"两轻一快"（操作轻、说话轻、服务快），坐姿端正。售票服务的口语语言要求甚高，售票服务人员需要经过一段时间的训练之后才可以胜任该工作，要在训练中坚持使用普通话，不断提高英语会话的水平。售票服务人员要讲究语言艺术，学会根据不同的服务对象，用好敬语、问候语、称呼语；要有"五声"即乘客来时有迎客声，遇到乘客有称呼声，受人帮助有致谢声，麻烦乘客有致歉声，乘客离开有送客声；要杜绝使用"四语"，即蔑视语、烦燥语、烦躁语、否定语、斗气语；还要做到不与乘客争辩，不使用粗俗的言辞，不使用贬义的称呼，不让自己的声音高过乘客。

场景示例1：电话订票

场景：李刚先生要到北京出差，他打电话给中国国际航空公司售票处订票。

售票员：早上好！这里是中国国际航空公司售票处。请问需要我为您做什么？

李刚：请帮我订一张下周三到北京的机票。

售票员：请稍候，我帮您查一下……（半分钟后）让您久等了，国航到北京的航班是每天上午10点起飞。川航到北京的航班是每天下午4点起飞，请问您要哪个航空公司的？

李刚：国航上午10点的。

售票员：好的，请问您的姓名？

李刚：李刚，刚强的刚。

售票员：谢谢，请问您的身份证号码是多少？

李刚：310××××。

售票员：好的，麻烦您留一个联系方式。

李刚：138××××。

售票员：谢谢，请问您要头等舱的票还是经济舱的票？

李刚：头等舱，多少钱？

售票员：××元。

李刚：好吧。谢谢。

售票员：不用谢，很乐意为您服务！再见！

由此可知，电话售票需注意遵守接打电话的礼节，树立良好的"电话形象"。

场景示例2：退票

王丽买了一张飞往上海的机票，但因临时有急事需退票。她到民航售票处办理退票。

售票员：早上好，请问需要我为您做什么？

王丽：我要退一张机票。

售票员：请坐。麻烦您出示一下您的机票和身份证，谢谢。

王丽：好的，给你。

售票员：谢谢，请稍等。您预订的是明天飞往上海的机票，我们可以给您办理退票手续。但是您要付一定的手续费。

王丽：我该付多少手续费呢？

售票员：根据《公共航空运输旅客服务管理规定》，乘客在航班规定离站时间24小时以内、两小时以前要求退票，收取客票价10%的退票费。您的票是明天飞往上海的，原价××元，手续费是××元。

王丽：我明白了。

售票员：麻烦您填一下这张退票单。

王丽：可以。

售票员：这是您的证件；这是您的所退票款，扣除手续费××元后还有××元，请收好。

王丽：谢谢。

售票员：不用谢，很乐意为您服务！再见！

可见，旅客退票有多种原因，有时因退票款额不能达到预期而产生不良情绪。但不论哪一种原因，售票服务人员都应当对乘客以礼相待，维护航空公司的良好形象。

第三节　航空服务客舱播音训练

一、航空服务客舱播音的要求

第一，客舱播音要求使用普通话、英语等多种语言，语音应标准，内容应准确，吐字应清晰，语速应适当。

第二，认真把握播音内容的特点，用心感受乘客所需。要分出轻重缓急、分清抑扬顿挫，要能够根据不同内容传达出不同的思想感情。

第三，语调生动，语言灵活。要使节奏流畅自然，缓急结合。

第四，声音圆润、自然，吐字清晰。注意克服发音吐字方面的不良习惯，如鼻音、喉音、挤捏音、虚声等，做到发音圆润动听，播报悦耳清晰。

二、航空服务客舱播音的基本技巧与训练

（一）航空服务客舱播音的基本技巧

1. 以气托声

播音的基础练习之一就是学习科学的发声方法，这要求航空服务人员能够正确理解气息控制、共鸣控制、口腔控制以及声音弹性与色彩变化。

航空服务人员应该进行下列发声练习：第一，进行气息深（吸得深）、匀（呼得匀）、通（气通畅）、活（用灵活）的基本功训练；第二，进行口腔控制和吐字归音字头的基本功训练；第三，进行声音纯正朴实、明朗大方、圆润集中、刚柔并济、纵收自如、色彩丰富、感染力强、优美动听的基本功训练；第四，进行用气发声状态积极、松弛、集中的基本功训练。气息练习胸腹联合呼吸示意图，如图 5-3-1 所示。

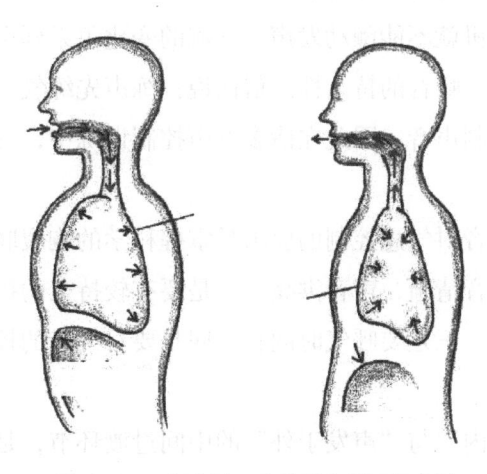

图 5-3-1 气息练习胸腹联合呼吸示意图

航空服务人员应通过学习和训练使自己的用气发声状态达到"气息下沉，喉部放松，不挤不僵，声音贯通；字音轻弹，如珠如流；气随情动，声随情走"的要求。

气沉丹田，呼吸自如。呼吸时气息短、坐姿不正确会造成紧张。坐如钟，头背一线，双脚自然垂直，深呼吸时不要耸肩。练习深呼吸，要有一定的呼吸储量，要口鼻共同呼吸。要用丹田呼吸，将两肋打开小腹收紧，肚皮始终是硬的这就是

气息支撑。如果在用气时能把控制呼吸的着力点，意守在"丹田"的位置上便能获得放松上半身的发声器官的效果，使声音持久而有韧性。

2. 以情带声

播音是为了抒发一种情怀，一种心情，以引起听众的共鸣，所以航空服务人员应在正确把握稿件的基础上，全身心地投入，用真情、真诚赢得乘客的喜爱和赞赏。

（二）航空服务客舱播音的基本技巧训练

1. 气息控制训练

声音的发出是与呼吸、发声、共鸣、咬字四个环节紧密相连的。肺部呼出的气息通过气管，振动喉头内的声带，发出微弱的声音。这种声波经过咽腔、口腔、鼻腔等腔体共鸣得到了扩大和美化，再经过唇、齿、舌、牙的协调动作，产生不同的声音轨，这就是朗诵发声的简单原理。

没有气息，声带机就不能颤动发声。气流的变化关系到声音的响亮度、清晰度、音色的优美圆润、嗓音的持久性。俗话说：练声先练气。这就是说，只有气息得到控制，才能控制声音。因此在诸多发声控制训练中，气息控制训练是学习发声中最重要的一环。

航空服务客舱播音对气息控制的要求是掌握科学的胸腹联合呼吸法，使气息充沛，语言流畅，语音清晰，声音洪亮。一是要有较持久的控制能力，二是要保持较稳定的气息压力，三是要呼气时间长，四是要对气息的控制收放自如，五是要学会短时无声吸气。

气息是"情动于内"与"声发于外"的中间过渡环节，是情与声之间必经的桥梁。只有在"气随情动"的情况下，声音才能随情而变化。例如，气势汹汹、气息苍苍、气冲霄汉、有气无力、气急败坏、忍气吞声、气贯长虹、怒气冲天等成语涉及情感的复杂变化，如果用一种声音形式、一种气息状态去表达，那是不行的。因此，要想使声音能自如地表情达意，必须学会气息的控制与运用。

（1）气息控制的基本训练

为了体会和掌握胸腹联合呼吸的基本动作要领，形成新的、符合播音发声要求的呼吸方式，应持之以恒进行练习，抓住符合要领的实际感觉，并在反复的练习中稳定这种感觉，才能掌握并使用。

①吸气

航空服务人员在做吸气练习时，保持良好的精神状态是很重要的，要做到"兴奋从容两肋开，不觉吸气气自来"。可以通过以下方法体会。

第一，以衣襟中间的纽扣为标记，把气缓缓吸到最下面一粒纽扣的位置。

第二，坐在椅子的前沿，上身略向前倾，沿着后背将气缓缓吸入体内。这种方法排除了单纯的胸部用力吸气的可能，容易获得两肋打开的实际感觉。

第三，闻花，远处飘来一股花香，闻一闻是什么花的味呢？此时，气会吸得深入、自然。用这种方法体会降膈和开肋。

第四，设想自己身处一片茂密的森林，空气很清新，调整意念，深吸一口，觉得气是从全身的毛细孔吸入体内的。这会使自己的两肋较充分展开。

第五，抬起重物和"倒拔垂杨柳"。在抬起重物和"倒拔垂杨柳"时，总要深吸一口气，憋住一股劲儿。此时，腰部、腹部的感觉和胸腹联合呼吸时吸气最后一刻的感觉相近。

第六，"半打"哈欠。不张大嘴地打哈欠，最后一刻的感觉和胸腹联合呼吸吸气最后一刻的感觉相近。

②呼气

航空服务人员在做呼气练习时，心里应自然松弛，不能为了延长使用时间而憋气、紧喉。用练习吸气的方法吸气至"八成"满。

第一，以叹气方法呼出，并不带出任何语音，体会喉部如何放松。

第二，缓缓持续地发出"ai"的声音。

第三，均匀、缓慢地吹去桌面上的尘土；吹歪蜡烛火苗，使其既不直也不灭。

第四，发出纯净的、音高自然一致的"a"的延长音。

第五，以每秒2个的速度数数。

③深吸慢呼

气息控制延长练习的要领如下：先"蓄气"，航空服务人员先深呼吸，把气排出，然后像"闻花"一样，自然松畅地轻轻吸，仿佛面前一盆鲜花，吸得要饱，然后气沉丹田，慢慢地放松胸肋，使气像细水长流般慢慢呼出，要呼得均匀，控制时间越长越好。反复练习4～6次。

第一，"数数""数枣""数葫芦"练习。首先，"数数"练习。在呼气的同时，轻声快速地从1至10数数字，一口气反复数数到这口气尽为止，看看能反复数多少次。其次，"数枣"练习。在"推进"的同时，轻声念："出东门过大桥，大桥底下一树枣，拿着竹竿去打枣，青的多红的少（吸足气），一个枣两个枣三个枣四个枣五个……"数到这口气尽为止，看看能数多少个枣。开始做练习的时候，中间可以适当换气，练到对气息有了控制能力时，逐渐减少换气次数，最后要争取一口气说完，尽可能多数几颗枣。反复4~6次。最后，"数葫芦"练习。在"推进"的同时轻声念："金葫芦，银葫芦，一口气数不了24个葫芦（吸足气），一个葫芦，二个葫芦，三个葫芦……"数到这口气气尽为止，反复4~6次。通过"数数""数枣""数葫芦"练习控制气息，越练气息控制越长，千万不要跑气。开始时腹部会出现酸痛，练过一段时间，则会大有进步。

第二，"深吸慢呼"长音练习。模拟吹灭蜡烛，深吸一口气均匀缓慢地吹，训练气息控制能力。尽可能时间长一点，以25~30秒为合格。

第三，托气断音练习。这是声、气各半练习。双手叉腰或护腹，由丹田托住一口气到咽部冲出同时发声，声音以中低音为主。一口气托住，嘴里快速念"噼里啪啦，噼里啪啦"（反复），到这口气将尽时发出"嘭—啪"的断音，反复4~6次。一口气绷足，先慢后快地发出"哈、哈（反复、加快）——哈、哈、哈……"锻炼有爆发力的断音。一口气绷足，先慢后快地发出"嘿—厚、嘿—厚"（反复逐渐加快）——"嘿厚、嘿厚……"加快到气力不支为止，反复练习。经过这一阶段练习，气息已基本饱满，"容气之所"已开始兴奋、活跃起来，而声音一直处于酝酿、保护之中。在此基础上即可开始准备声音练习。

（2）四声的用气练习

就声音形成而言，汉语语势变化的基础是四声，因此进行四声的气息控制练习是相当重要的。要领如下：

第一，阴平字高而平，可以用"铺满地面"的感觉发音。

第二，阳平字取中而升，可以用"下一层楼梯"的感觉发音。

第三，上声字先降而后升，降时要"托"住气，升时要"上楼梯"。

第四，去声字取调高而降到底，要"托住下楼梯"。

①同声韵夸张

音程长，声调全。例如，巴拔把爸、搭答打大、非肥匪费等。

②四声组合练习

顺序组合——阴、阳、上、去，如兵强马壮、心直口快等。

逆序组合——去、上、阳、阴，如妙手回春、地广人稀等。

（3）气息的综合运用练习

气息的补换是在语言的停顿处进行的。补换的基本方式有偷气、抢气、就气三种。进气量要依表达需要而定。

2. 共鸣控制训练

气流冲击声带产生的喉元音本身是很微弱的，当这种声音在人体各共鸣器官内得到共振时，原来微弱的喉元音便得到了扩大和美化，形成圆润洪亮的声音，这就是我们所说的"共鸣"。共鸣的调节是扩大发声效率、改善声音质量和提高音色表现力的重要环节。

（1）共鸣器官

共鸣器官有喉腔、咽腔（喉咽、口咽、鼻咽）、口腔和鼻腔（包括鼻窦、蝶窦、额窦）、气管、胸腔。人的共鸣器官有些是可调节的，也就是说可改变其大小形状等，如喉腔、咽腔、口腔；有些是不可调节的，如鼻腔、胸腔。

（2）播音共鸣的特点

声带发出的声音叫喉元音，其本身是很微弱的，必须通过共鸣才能得到扩大、美化。

航空服务人员通过共鸣腔的调节可以形成表情达意的不同色彩的声音。播音发声的共鸣方式是以口腔共鸣为主、以胸腔共鸣为基础的声道共鸣。（构成声道的腔体可粗略划分为头腔、口腔和胸腔。）

航空服务人员的发声要在能够保证字音清晰的基础上对声音进行美化，且要朴实大方。播音共鸣以文字内容和吐字的需要为依据，为达到声音的浑厚有力、明朗圆润的目的，可通过适当的调节控制使口腔共鸣和胸腔共鸣相结合。

（3）共鸣控制的基本训练

第一，要取得良好的共鸣，就要保持积极的、朝气蓬勃的精神，各共鸣器官也要有精神。松软无力的共鸣腔壁是不会产生良好的共鸣的。但也要注意积极不是僵死，不能一提到控制、调节，肌肉就僵硬起来。

第二，用发单元音来体会共鸣的控制。从低沉的厚重的声音开始，逐渐改变增加音高，以体会在不同的声区，胸腔共鸣、口腔共鸣、头腔共鸣成分的比重，并且体会共鸣对声音的改变所起的作用。

3. 口腔控制训练

航空服务人员要掌握科学的口腔控制方法。说普通话时应保持正确的口腔状态，即发音时，尽量打开口腔，注意是前后同时打开，呈前低后高的马蹄形。可以通过抬起上腭（提颧肌、打牙关、挺软腭）和松下巴来实现，避免出现说话时发音靠前、口腔后部打不开的状况，从而改善语音面貌，使语音准确、明亮、圆润、饱满。

口腔在吐字中处于十分重要的位置，要求做到"腔圆壁坚"。有一个"后开前有力"的口腔状态，对增强字音的清晰度和圆润度起着关键性的作用。

（1）改善音色训练

注意提颧肌，上唇展开，嘴角稍微上提，以增强语音的积极色彩。

第一，提颧肌。从上唇到颧骨的肌肉叫颧肌，发音时，颧肌提起，似兴奋地要唱的感觉，又似笑的感觉，此时口腔前上部有展宽感，鼻孔亦随之有些张大，唇齿相依，呈微笑状。

第二，打开牙关。牙关打开，舌头活动范围增大，有利于字音的清晰，也给声音增加了明亮、刚劲的色彩。也可以做绕口令练习，练习时，不要噘着嘴说，而是像跟朋友开玩笑似的，很俏皮，很有兴致地说。不要求速度，要注重感觉，以轻松愉快的心情说，声音就比较明亮。

第三，挺软腭。软腭指上颚后部柔软的地方，软腭挺起，即软腭部分向上用力，这个动作可以使口腔后部空间加大，并减少灌入鼻腔的气流，避免过多的鼻音色彩。挺软腭可以用"半打哈欠"或"举杯痛饮"的动作来体会。

第四，松下巴。航空服务人员在吐字发音的过程中，下巴即下颌向内微收，处于放松、从容的状态，不能着力。

综上所述，打开口腔是通过有关部位协同动作"综合治理"得到的。它有利于咬字器官的灵活运动。如果想形象和夸张地形容咬字的口腔状态，那就是"张口如打哈欠，闭口如啃苹果"。

（2）吐字归音训练

汉字的音节结构分为声、韵、调几个部分。声，又叫字头；韵，分为韵头、韵尾、韵腹三个部分；调，又叫字神，体现在韵腹上。一个汉字的音程很短，大多在三分之一秒就会结束。

航空服务人员要在短短的时间内兼顾声韵调和吐字归音，就必须从日常训练开始：第一，出字——要求声母的发音部位准确、弹发有力，要叼住、弹出。第二，立字——要求韵腹拉开立起，做到"开口音稍闭，闭口音稍开"。第三，字尾要弱收到位。

航空服务人员要想说出的声音具有"大珠小珠落玉盘"[①]的效果，吐字归音就要从张嘴、运气、吐气、发声、保持、延续到收尾的整个过程进行一系列控制，做到吐字清晰。

三、航空服务客舱播音的语言表达技巧训练

（一）外部技巧训练

航空服务客舱播音语言表达的外部技巧包含重音、停连、语气、节奏。播音人员把稿件上的文字转化为有声语言，即把视觉形态的文字转化为听觉形态的声音的过程，就是播音人员的再创造性劳动。在这个再创造过程中，播音人员要对文字稿件有一定的认识，还需要对有声语言进行构思和传达，而这种对有声语言构思和传达的方法就是有声语言的表达技巧。

1. 重音训练

在口语中常通过提高声音和拉长声音的方式来突出强调的效果，这种表现方式就是重音。在播音中的重音，是针对语句来说的。对于语句中词或词组的清读和重读，我们一般将其称为轻重格式。对于那些最能体现语句目的的词或词组，在播音中重点强调，这就是语句重音。它解决的是播音中语句内部各词或词组之间的主次关系问题。

航空服务人员在口语训练中，找准重音，运用合适的力度表达重音，可以突出语句重点，把语意表达得更加准确鲜明，把感情表达得更加充沛。重音位置的不同，可以表达出不同的潜在语意。

（1）语法重音

语法重音是根据句子的内部语法关系而设置的重音。语法重音的位置一般比

---

① 克雷洛夫. 克雷洛夫寓言 [M]. 石国雄, 译. 南京：译林出版社，2023：44.

较固定。第一，主谓词组中的谓语。例如，风停了，雨住了，太阳出来了。第二，述宾词组中的宾语。例如，跨过长江去，解放全中国。第三，定语、状语、补语。例如，天气渐渐地暖和了。第四，疑问代词和指示代词。例如，谁在喊？

（2）强调重音

为突出强调某个主题或思想情感而设置的重音就是强调重音，它使得人对于话语潜在的语意能够有更加充分的理解。它出现的位置不是固定的，而是根据说话人的情感或是说话人对文本内容的理解来确定的。第一，表现出话语的重点。第二，表示对比、反对、比喻、夸张、排比等。第三，表达强烈的感情，使语言感情色彩丰富，充满感染力。

2. 停连训练

停连是航空服务人员借以表情达意的语言表达方式之一，航空服务人员必须学会运用停连组织语句。简单来讲就是语句的停顿和连接。在播音中，那些声音中断或是休止的地方就是停顿；那些不中断、不休止的地方，还有就是文中有标点符号但不中断、不休止的地方就是连接。

停连在播音语言的表达上有很大的作用，表现在很多方面：可以表示组织分区从而使语意更加清晰；可以强调重点使目的更加明确；可以产生转折呼应的效果使逻辑更加严密；可以形成并列分合从而使内容更加完整；可以体现思考使内容更加生动；可以创造意境让人回味想象。停连常常和其他技巧共同服务于表达。

停顿是口语表达不可或缺的一种手段，它是语句过程中声音的间歇，有调节气息、显示语脉还有突出话题的作用。适当的停顿可以使语意表达更加明显，还会提高语言的节奏感，同时也为听众留下了思索和回味反省的时间。停顿分为两种：语法停顿、强调停顿。语法停顿是指反映词语间的语法关系并显示语脉结构的停顿。强调停顿是指为强调某事、物或特殊情感的停顿。在表达强烈情感上，又可叫作感情停顿。强调停顿与语法停顿不同，它不受语法的限制而能根据情感表达需要在任一位置或时间停顿，通常是受内容感情的支配。强调停顿要求取得声情不断、声断意连的这种"此时无声胜有声"[①]的效果。

例如，第二天清晨，这个小女孩坐在墙角里，两腮通红，嘴角带着微笑，她／死了，在旧年的大年夜／冻／死了。（安徒生《卖火柴的小女孩》）

---

① 方心田. 智慧教师的修炼[M]. 南昌：江西教育出版社，2021：93.

三处停顿，表达出对小女孩悲惨命运的无限同情和对造成其命运的不平等社会制度的无比的愤恨。

依据朗读者和听众在生理、心理和情感上的需要，在实际有声语言运用中，停连可以分为呼应性停连、区分性停连、并列性停连、分合性停连、强调性停连、判断性停连、转换性停连、生理性停连、回味性停连、灵活性停连这十种基本类型，它们之间停连的位置也不同。

在航空服务客舱播音中，对于标点符号所蕴含的意义也要表达出来，不仅要通过停连的技巧，还要有对重音、节奏和语气等技巧的使用。为将稿件内容的感情色彩充分表达出来，不仅需要有这些技巧的运用，还需要播音员自身具有深厚的语言功力。

第一，要有正确划分、组织句子成分的能力。只有能够分清语法结构和成分才能将稿件内容的意思正确地传达给乘客，这是语言正确表达的基础，也是正确停连的基础。任何语言活动都离不开语法结构和基本词汇，其表达的情感和思想也会通过正确的语法解读呈现出来，因此不能说"播音就是播语法"，这个说法是不准确的，它们不是对立的而是相辅相成的。激情是有声语言艺术的灵魂，这个灵魂是通过具体实在的手段烘托出来的。正确划分、组织句子成分可以使激情得到准确的释放。因此，正确划分、组织句子是一位航空服务人员在现代汉语学习中必学的内容。

第二，航空服务人员要能把握好稿件的基本感情色彩。由于特殊情感表达的需要，有时候不一定要按正常的语句结构来予以停顿，这种停顿和语气让人能感受到某种强烈的感情，不会觉得逻辑不对，反而会有更好的效果。这种情况多出现于文艺性的稿件播音中。

第三，要把握对停连的要求。停连不仅受内容的影响，也受文章体裁形式的影响。如在律诗、绝句、词曲等体裁上，它们对平仄、韵律和结构等方面都有不同的规范要求。航空服务人员在播音时要严格遵守这些规则，就如在读《沁园春·雪》中的诗句"望长城内外，惟余莽莽；大河上下，顿失滔滔"[1]，"惜秦皇汉武，略输文采；唐宗宋祖，稍逊风骚"[2]时，诗句中的"望"和"惜"是领词，要

---

[1] 毛泽东. 毛泽东诗词：汉罗对照[M]. 徐文德，译. 北京：中国国际广播出版社，2015：84.
[2] 同[1] 86.

稍作停顿再读后面的内容。律诗和绝句在吟诵上也有其规范格式：二二一或是二二三，不能够随意地更改。

第四，要讲究停连方式的丰富多样、和谐协调。不能因为要强调结构就过多采用停顿，也不能因为强调语意就过多采用连接，这样都会导致文章内容分离混乱。停连时要注意对语势语流的变化，不能一成不变，要根据内容，考虑形式的完美，通过停连准确组织语句，使内容的整体思想更加准确表达出来。

对于如何停和连的问题值得去深入探究，每一位有声语言工作者应当更加重视和正确地运用停连，不能忽视对停连的不当使用所造成的后果，这样可以使播音越来越准确，从而更好地为乘客服务。

3. 语气、节奏的训练

播音语气是在一定的思想感情支配下朗读语句的具体声音形式。受到语句的本质和语言环境的影响，每个语句都具有自己的感情色彩，表现出的声音形式也千差万别。航空服务人员在运用语言技巧的时候，一定要把握住三个相辅相成的环节：第一，播音语气受一定的具体思想感情支配；第二，播音语气以具体语句为范围；第三，播音语气化为某种声音形式。

在有声语言运动中，有一种形式叫作节奏，它是由思想感情的变化而形成的抑扬顿挫、轻重缓急的声音形式的循环，也是多种口语技巧的整体表现。

相比于以语句为单位的语气，节奏是以语段（句群）乃至全篇为单位。在语气之间的连接和转换之中可以体现节奏，故此，对于节奏的训练和掌握要立足于全篇。掌握节奏技巧的方法有欲抑先扬、欲扬先抑，欲停先连、欲连先停，欲轻先重、欲重先轻，欲快先慢、欲慢先快。

航空服务人员在播音技巧训练时还应注意语速的快慢和语调的升降。语速作为语言节奏的主要标志，其快慢可以是表达情感的手段。语速快可以表现出一种紧张、急迫的状态；语速慢可以表现出一种安静、平和的状态。语速的快慢结合，可以烘托出环境的气氛，再现生活场景、任务状态等，可以有效提高口语的表达效果。对语速快慢的掌握要做到快而不乱、慢而不拖、快慢有致。另外，还要考虑以下几方面的因素：第一，交际对象。儿童、老人、陌生人语速应稍慢；年轻人、熟人可稍快。第二，环境气氛。语速稍快些一般表示热烈、紧张的场面，激动、惊奇的心情，争辩、斥责的态度；语速稍慢表示宁静、庄严的场面，平静、失望、沉痛的心情，犹豫、宽慰的态度。

语句语流的升降变化就是语调的升降，这个变化可以用来表达不同的语气，从而表现说话的人的不同情感态度。通常情况下，高升调大都是由低到高，句尾语势上升，用以表达号召、鼓励、设问、反问、呼唤等语气。降抑调大都是由高到低，句尾语势减弱，用来表达肯定、坚信、赞叹、祝愿等语气。平直调在语势上大都没什么变化，升降起伏不明显，常出现在叙述、介绍的语句中，用来表示平淡、庄严的语气。曲折调句子语势呈波浪形的曲折变化，有两种类型，一种是先降后升再降（降—升—降），另一种是先升后降再升（升—降—升），用以表达讽刺、诙谐、滑稽、双关、踌躇、狡猾、厌烦等复杂的感情。它的使用没有很固定的位置，可以根据需要灵活使用。

（二）内部技巧训练

内部技巧指的是从备稿到播音的过程中通过情景再现、内在语及对象感三种方法使思想感情处于运动状态。在这种状态下，航空服务人员的播音语言才会有活力。航空服务人员通过播音技巧的训练，在"播讲目的"的统率下使稿件语言变为自己要说的话，这样的播音创作才是有灵魂的。

情景再现就是航空服务人员根据稿件材料，让稿件中的人物、事件、情节、景物等在脑海中不断浮现，形成连续的画面，从而引发相应的情绪、感受的过程。

何谓设身处地，顾名思义就是将自身置于事件的情理之中，获得现场感和"我就在"的感觉。

触景生情是情景再现的核心，航空服务人员在无预兆准备的情况下对一个具体的"景"产生了相应的"情"，同时又要符合稿件要求，这便是触景生情。

航空服务人员将稿件内容经过自身情景再现，对文章的情景经过自己的消化吸收，再将文章转述出来，使听众在听的过程中产生某种情景的再现，从中受到感染，这就是现身说法。

内在语即那些文章中的语言没有直接表露出来或是不能或不便表露、没有完全表露的语言或语言关系，简单来说就是话里有话、话外音。内在语具有揭示语句本质和语言链条的功能。

航空服务人员要设想和感受听众对象的存在及听众对象的心理要求、愿望和情绪，从而来调动自己的思想情感处于运动的状态，这种方法就是对象感，属于某种联想想象的训练。客舱播音通常都是在没有人的独立环境中，但是要努力做到"心中有人"。在朗读中想象听众的存在，考虑听众的感受，并感受他们的所听、所想，从而产生情感上的共鸣。

航空运输与服务领域的深入探索与实践，无疑为这一行业注入了源源不断的活力与动力，极大地促进了其内部的持续创新与发展。这一领域的每一次进步，都如同一股强劲的推动力，不仅加速了商品与人员在全球范围内的流动，更深刻地影响着全球经济的脉动，为国际贸易与合作搭建了更为宽广的桥梁，从而推动了全球经济的持续增长与繁荣。

随着科技的飞速发展与市场的不断变化，航空运输与服务领域正面临着前所未有的挑战与机遇。人工智能、大数据、物联网等新技术的不断涌现，为航空运输的智能化、高效化提供了前所未有的可能性，使得航空运输在提升运营效率、优化资源配置、增强安全保障等方面取得了显著成效。同时，这些新技术也对航空服务的人性化、个性化提出了更高的要求，促使航空公司在服务策略、产品创新等方面不断推陈出新，以满足不同乘客的多样化需求。

面对这些挑战与机遇，航空运输与服务领域凭借其深厚的行业基础、专业的服务团队以及不断创新的理念，展现出了强大的生命力与竞争力。航空公司积极引入新技术，优化服务流程，提升服务质量，不仅提高了自身的运营效率，更显著提升了乘客的满意度与忠诚度。同时，航空服务团队也通过持续的学习与培训，不断提升自身的专业素养与服务技能，为乘客提供更加贴心、个性化的服务体验，赢得了广大乘客的信赖与好评。

展望未来，航空运输与服务领域定能在这些坚实的基础上，继续展现出更加巨大的潜力。随着技术的不断进步与市场的不断拓展，航空运输将变得更加高效、智能、环保，为全球经济的繁荣与发展注入新的活力。航空服务则将更加注重人性化、个性化、高品质，为乘客提供更加舒适、便捷、贴心的出行体验，满足人民日益增长的出行需求与美好生活的向往。这一领域的发展，不仅将推动全球经济的持续繁荣，更将为人类的出行带来前所未有的便捷与舒适，为构建人类命运共同体贡献更多的力量。

参考文献

[1] 李勤昌. 国际货物运输 [M]. 6 版. 沈阳：东北财经大学出版社，2022.

[2] 欧阳凤莲，冯丕红，钟凤宏. 培育和践行社会主义核心价值观 [M]. 北京：中国民主法制出版社，2021.

[3] 中国外文出版发行事业局，当代中国与世界研究院，中国翻译研究院. 中国关键词：文明互鉴篇 汉法对照 [M]. 李小玉，刘倩，袁丽萍，译. 北京：朝华出版社，2023.

[4] 何桂全，祝勇. 海外文摘：二十周年典藏本 人生百味卷 [M]. 北京：中国旅游出版社，2005.

[5] 雷敏，陈敏，张开江. 现代职业礼仪 [M]. 成都：电子科技大学出版社，2008.

[6] 陶辉. 谈话的艺术 [M]. 北京：中国纺织出版社有限公司，2022.

[7] 龚波，陈保健. 现代礼仪学 [M]. 2 版. 成都：西南交通大学出版社，2022.

[8] 克雷洛夫. 克雷洛夫寓言 [M]. 石国雄，译. 南京：译林出版社，2023.

[9] 方心田. 智慧教师的修炼 [M]. 南昌：江西教育出版社，2021.

[10] 毛泽东. 毛泽东诗词：汉罗对照 [M]. 徐文德，译. 北京：中国国际广播出版社，2015.

[11] 朱沛. 航空货物运输教程 [M]. 北京：兵器工业出版社，2004.

[12] 赵忠义，袁琦，樊春雷. 航空货物运输服务 [M]. 北京：中国民航出版社，2018.

[13] 董淑霞. 航空服务礼仪 [M]. 北京：首都经济贸易大学出版社，2017.

[14] 顾胜勤，徐强. 航空市场服务营销与管理 [M]. 北京：中国科学技术出版社，2001.

[15] 黄蕾，周建设. 航空服务营销 [M]. 武汉：武汉理工大学出版社，2010.

［16］陆纯梅. 航空服务礼仪实训教程［M］. 成都：西南财经大学出版社，2020.

［17］宏阔，刘小红. 航空服务礼仪概论［M］. 北京：中国民航出版社，2008.

［18］贾芸. 航空服务管理艺术化研究［M］. 北京：中国纺织出版社，2020.

［19］苑春林. 航空运输管理［M］. 北京：中国经济出版社，2018.

［20］黄蕾，宋颖. 航空服务营销［M］. 武汉：武汉理工大学出版社，2016.

［21］邱良察. 关于航空运输服务保障企业财务精益管理的探讨［J］. 中国总会计师，2023（12）：141-143.

［22］邓燕如. 航空公司货运服务质量提升策略研究［J］. 中国航务周刊，2023（33）：59-61.

［23］朱承杰. 新时期如何提升航空运输的综合运输服务水平［J］. 中国航务周刊，2022（34）：48-50.

［24］刘德清. 对稳定并提升国内航空货物运输价格的思考［J］. 空运商务，2023（9）：14-17.

［25］谢婷. 浅析中国航空服务业规制与竞争［J］. 中国集体经济，2023（13）：46-49.

［26］王云，崔彩霞. 航空服务艺术与管理专业人才培养问题与对策研究［J］. 教育理论与实践，2023，43（9）：18-21.

［27］张岱琪. 空乘服务礼仪及航空个性化服务策略分析［J］. 国际公关，2023（3）：19-21.

［28］马小明，宋慧怡. 航空运输货损原因分析与安全对策［J］. 机械制造，2021，59（4）：65-70.

［29］付闯，蔡桂芳. 航空服务专业"产教融合、协同育人"人才培养模式探讨［J］. 空运商务，2022（10）：46-49.

［30］陈健，刘颖，延艳芳. 航空服务艺术与管理人才多元化培养模式研究［J］. 品位·经典，2022（15）：87-89.

［31］谢婷. 基于空乘礼仪的航空服务个性化发展探索［J］. 中国航务周刊，2020（53）：56-57.

［32］王隽涵. 空乘服务礼仪及航空个性化服务策略［J］. 中国航务周刊，2021（31）：56-57.

［33］孟蕊．安检数智化+网络安全防护航空货物运输高效安全的标配 [J]．中国安防，2024（3）：70-72．

［34］李玲．航空公司服务质量评价研究 [D]．天津：中国民航大学，2019．

［35］陈效．航空服务与管理人才培养问题与对策研究 [D]．石家庄：河北师范大学，2020．

［36］张旎．公共航空服务质量提升策略研究 [D]．上海：东华大学，2019．

［37］宋亮．航空服务质量和感知价值对乘客满意度的影响研究 [D]．上海：华东师范大学，2018．

［38］于婕．互联网背景下 SZ 航空服务营销策略研究 [D]．西安：西安工程大学，2018．

［39］冉若灵．中国航空运输产业与经济增长的关联性研究 [D]．重庆：重庆大学，2018．

［40］代娜．KY 航空服务营销提升策略研究 [D]．昆明：云南大学，2017．

［41］彭聚珍．商业生态系统视角下中国航空运输企业国际竞争战略研究 [D]．北京：北京交通大学，2016．

［42］李冬颖．航空服务创新体系设计与实施研究 [D]．石家庄：河北师范大学，2015．

［43］吴莉．航空运输能力提升对区域经济发展的影响研究 [D]．郑州：郑州航空工业管理学院，2021．